经营的哲学

一位企业家的进化笔记

贾长松◎著

中国·广州

图书在版编目（CIP）数据

经营的哲学：一位企业家的进化笔记 / 贾长松著．—广州：广东旅游出版社，2018.6

ISBN 978-7-5570-1298-4

Ⅰ．①经… Ⅱ．①贾… Ⅲ．①企业管理 Ⅳ．①F272

中国版本图书馆 CIP 数据核字（2018）第 057834 号

经营的哲学：一位企业家的进化笔记

Jingying De Zhexue：Yiwei Qiyejia De Jinhua Biji

广东旅游出版社出版发行

（广州市环市东路 338 号银政大厦西楼 12 楼　　邮编：510180）

北京雁林吉兆印刷有限公司印刷

（地址：北京市密云县十里堡镇红光村 47 号）

广东旅游出版社图书网

www.tourpress.cn

邮购地址：广州市环市东路 338 号银政大厦西楼 12 楼

联系电话：020-87347732　　邮编：510180

787 毫米 ×1092 毫米　　16 开　　15.5 印张　　206 千字

2018 年 6 月第 1 版第 1 次印刷

定价：58.00 元

目　录

第五章 挫折面前

第六章 跨越

PART 第三篇 **教练团队**

第七章　战略规划

第八章　组织运营

第十章　文化传承

PART
第四篇 持续创新

序

利润之上的追求

特斯拉电动车公司放弃了对专利的追查，以“开源”心态自信地认为：公司的竞争力不在专利上，而在公司的自信上。美国本土的企业，很少去起诉美国本土的侵权行为。他们认为，只要对社会有帮助，开源互动是可以理解的。当然，美国也很少有恶性竞争的现象，开源的心态反而成就了这样一个竞争力很强的社会群体。

在横河电机这家企业，很多员工工作超过20年，细心服务。这家公司没有仓库管理员，谁需要原料，可以直接到仓库去拿，多余的可以放回原位。这家公司是世界上最大的自动化系统管理公司之一，是我见过的追求理想、追求完美、追求成就的最好的公司。

一个企业的创立，是建立在追求利润之上的。我们发现，如果企业把追求利润当成唯一的使命，是无法成为伟大的、持续发展的企业的。于是很多企业本着“爱国，帮助客户实现价值，成就员工及商业生态建立，人类的进步与文明，传播爱”等利润之上的追求，反而使企业在困难重重下有了更加卓著的原动力！

有利润之上追求的团队是胜利者

2014 年 6 月 16 日，NBA 总决赛第五场，热火对马刺。之前马刺已经 3∶1 领先热火，第五场比赛激烈开始。经过 48 分钟的较量，热火队输了，并且输得很惨，为什么热火的整体实力远远高于马刺，却以 1∶4 的大比分输给了马刺呢？

马刺历史上共得到 5 次总冠军。2013—2014 年赛季，这个由 8 个国家队员组成的球队，取得了第 5 次总冠军。马刺球员虽也有轮换，但很少跟别的球队进行球员大交换，不动主力球员，他们大部分的核心都是自己挑选的球员，并且自己培养，一年又一年，一个又一个。马刺的球员薪水并不是最高的，能力也不是最强的，但是，正是利润之上的追求，成了每一个球员的信仰，使得这支球队的成员从来就没有因为薪水的问题而争吵，从来没有因为工资低而离去。这是一支表里如一的球队，所以能以大比分赢了对方。

有利润之上追求的球队是战无不胜的，因为文化与信仰决定了团队的力量。一个企业与一个球队的本质是一样的，追求利润固然重要，但如果除去利润，什么都没有，那这个团队的目标将无法实现，当然更没有解决问题、解决困难的能力。

硅谷为什么有那么多世界500强

在几十年前，硅谷地区还不太发达，然后，短短的几十年，就出现了思科、英特尔、苹果、谷歌等众多世界 500 强。那里除了是创业者的天堂外，与我们国家的经济开发区还有什么区别呢？经过在那里深入生活与学习，我发现最大的区别就是，那里的人与经济开发区的人的信仰与成就源不一样。

硅谷的企业很少关注房产，就算每年销售额达到了400亿美金的企业，房子依然是租的，没有一平方米的土地，没有属于自己的办公室，他们把全部精力用在了提升产品价值上，充分做到了为实现服务社会而研发。

我曾经问过一个英特尔公司的工程师，你在公司有多少股票？他算了5分钟对我说，我回头算清后再跟你说好吗？但当我提到他研发的领域时，他顿时兴奋起来，所谈数据清晰、程序系统，头头是道。我被感动了，因为这是一个全球顶级的信息专家，他享受着工作的快乐，活在创业的幸福中。我们却经常为了物质的追求而苦不堪言。这就是我们的经济开发区与硅谷的区别，这种追求竞争力上的差距是很难用学习来追上的。

因为在中国，我们经常发现有这样的现象。

1. 听了几次课就包装成××创始人，然后就年薪几百万元地挣钱了。

2. 把生产工厂的成本降到最低，然后交货时把劣质产品用上，用来欺骗客户。

3. 企业想尽一切办法不承担公司义务，包括税务、工资还有福利。

4. 食品企业重复使用过期原材料而出现危机食品。

5. 企业为了追求利润而伤害员工、客户及社会。

……

太多太多的问题，其实都是在追求上出现了问题。

不能只追求利润

企业做不大的根本原因，就是没有利润之上的追求。老板一心盯着利润，必然会为了降低成本，减少对研发与人才培养的投入。很多企业是不愿意做有损当下利润的工作的，所以也必然投机取巧。

利润之上的追求，说白了就是企业存在的价值，也就是一个企业对社会的贡献是什么，能够满足社会什么需求。如果找不到这样的价值，只能是天空众多星星中的一个小点，无论是否消失，都不足以引起别人的重视。

一个企业追求利润是好事，但有利润之上的追求才能真正生存。就像一个人，挣钱之上的追求，是人生奋斗的意义，也是能忘我工作的理由。很多人把大量的时间损失在对基本物质的满足上，一天天、一年年丢掉了自己的灵气。利润之上的追求，可以让一个人、一个企业拥有生命的真正发展动力。

医院的价值是治病救人，食品公司的价值是绿色安全，石油公司的价值是无霾能源，房产的价值是平安居住。为了追求利润，不惜扔掉行业最基本的道德，只为挣钱，所有员工的价值观跟着老板改变，都活在这样的体系里，就无法找到生命的真谛。

利润之上的追求，如一缕阳光，是能照亮灵魂的真正力量。让人们生活得更好，让社会感恩我们的付出，这样的追求是值得每一个企业家思考的。如果你的企业危机重重，那真的要去思考这样的活法了。

未来卓著的企业，是有追求的企业

特斯拉放弃专利而共享，谷歌的理念是不作恶……未来的企业，必须有利润之上的追求，如果我们只盯着利润，那么我们的员工与合作伙伴也会如此，这样的企业虽然有利润，但将无力推动人类文明的发展，没有社会价值。所以从今天开始，重新构架我们的价值观，这样才能与世界上的优秀企业正面竞争！

PART

第一篇

身份意识

篇首语：所有人都会有一次忘我的奋斗

所有人都会有一次忘我的奋斗
但那必须是自己的决策
因为为自己内在而奋斗
是奋斗的第一价值

一个人如果一天保持八小时的学习
那这个人才会站到世界的高度看世界
干得好的人永远在为看得远的人干活
要看得远，是因为行者无疆

要相信看不见的变化，才会有看得见的变化
学习力与行动力，是成功的第一要素
对自己负责的人，才会对世界负责

只有真实的人与好人在这个世界上生存

因为，有缺点的真人并不一定是坏人

坏人做着坏事却说自己是好人

所以，承认我们是有缺点的人

这是成长的第一要素

只有立身于国际的人，才能做成中国的大企业

小企业经营企业，改善内在

中企业经营业绩，慈善弱者

大企业把慈善世界当成经营，做到了有价值于社会

企业家要想立足

就要了解产业链、世界分工、顶端设计

企业家的战略包括三个过程：梦想、教练、机制

这个社会，不是你发动活动，就是被别人的活动发动

越是有发动能力的人，越有影响力

越是领袖

C H A P T E R

第一章

印象管理

印象管理价值万金

不要看一个人说了什么，而要看一个人做了什么。对一个人的印象，取决于从他做了什么传递出来的信息。社会印象价值万金，很多人从来不关心自己给人的印象，结果付出了很多，但社会依然不会认可。我们必须记住，当我们人生的事业升级时，一定要规避那些印象不好的人，因为印象差就意味着合作存在风险，并且在合作过程中会不快乐。很多人很有才华，但缺少印象的规划，或是自认为印象并不算什么，利益才是核心，结果总是失大于得。

印象是由一个人的承诺、利益观、社交圈子，以及对善恶的判断等因素决定的。一般来说，职业经理人容易出现以下印象问题。

1. 势利眼：因钱而做当下事。正确的做法：要懂得吃亏是福，相信会有高回报。

2. 独行侠：未来一定要背离。正确的做法：用信任、直言的方式与合作伙伴合作，并且明白合作才是趋势。

3. 懒惰虫：时常查看工作成果，清晰量化价值。正确的做法：设定目标，制订计划，强化过程管控。

4. 井底蛙：没有成长性，眼高手低。正确的做法：脚踏实地，创新经营。

5. 放鸽子：不守商业承诺。正确的做法：自己的决定，一定要用生命去执行。

6. 吃独食：这是小人物的做法，把钱独吞到自己口袋。我们不妨想想，还会有谁愿意与这样的人合作？

负面印象因利而生，学会舍得，考虑别人的机会，考虑别人的利益，才能成为大家眼里靠得住的合作伙伴。人的印象价值万金，我们要用生命去维护。

印象管理价值万金

让身体敬畏你的职业

我在东北一家酒厂培训时，有位品酒师陪我吃饭。在沟通过程中，她说，像她这样级别的品酒师，在当时全国只有两个。作为一名品酒师，平时不能乱吃食物，如香的、咸的、辣的等，对味蕾的保护超过一切。必须保持味蕾的敏感性，那只能限制自己对美食的爱好。她说，孩子考上大学的那一年，家里摆宴，已经当品酒师20年的她，没有吃过太有味的食物，家人与朋友都劝她大吃大喝一场，可是她想了想，还是象征性地喝了一点酒，最后还把酒偷偷给吐了。我问她为什么，她说，要让身体敬畏你的职业。

这句话深深地影响了我。作为一名讲师，我是要说话的，所以嗓子对我的影响最大，嗓子是我事业的生命线，也是我能否做出成绩的重要指标。对嗓子影响最大的习惯是：吸烟、喝酒、吃辛辣食物。为此，我把烟与酒都放下，不再碰这两样东西，尽管我很喜欢喝酒、吸烟。

节制也是一种竞争力。

有三个重要指标可以保证幸福：格局、不断学习、自我管控。其中，自我管控是幸福的最基础指标。作为一名讲师，在课堂上要求别人自我管控，但一下课就开始狂吸烟、狂喝酒，这不仅不像话，也会影响身体健康。所以，是时候开始敬畏职业了。

不断更新知识体系，不断践行所讲内容，是一个讲师有说服力的敬畏规则。

重庆谈判期间，蒋介石从一支烟就断定毛泽东是个厉害角色。蒋介石曾经对秘书陈布雷说：“毛泽东此人不可轻视。他嗜烟如命，手执一缕，绵绵不断。但他知道我不吸烟后，在同我谈话期间，竟绝不抽一支。对他的决心和精神，不可小视。”

让身体敬畏你的职业，爱职业首先从爱身体开始，不能为坏习惯找理由，不要让坏习惯控制你，如果不节制，会失去很多机会。其实，我们每个人都担负了比自己想象的要多的责任，当然，我们也就有更多的可能性。

合作伙伴决定了生命质量

有些人一生的苍白，都是因为选择合作伙伴失败而导致的。

人的一生，有两个最为重要的合作伙伴：一个是事业伙伴，一个是家庭伙伴。

不管选择什么个性的伙伴，善良是合作的基础。不管他多么爱你，如果他是一个坏人，在他身边，一定会有风险。

选择善良的人，非常简单，看看他对待竞争者的办法就知道了。如果他用符合道义与正当的手法去与对方竞争，这种人是可交的；如果他想尽“阴术”将对方置于死地，那我们就要多一些考虑了。

恨由爱生，爱极生恨。大部分“敌人”的产生，是因为深爱之后没有得到自己想要的，从而失望生怨，而怨直接变恨。

好的家庭成员，不需要我们天天养护，相互的支持变得天经地义。家是讲爱的地方，不是讲理的地方。

好的事业伙伴之间，有时候也不需要沟通心态、商量事务，很多事一个眼神就能解决。

好的合作伙伴有以下特征。

1. 有学习力，成长上进。

2. 换位思考，吃亏是福。

3. 直言你的缺点，帮助你成长。

4. 相信你，并给你表里如一的感觉。

5. 没有恶习，不交恶人。

6. 有值得爱的品格。

7. 热爱身体，不伤害自己与别人的身体。

8. 能够控制钱，不会成为钱的奴隶。

9. 遵守商业规则。

10. 是法律守护者，而不是动不动就用非正常手段的人。

如果合作伙伴不具有以上重要特质，我们又不得不与其合作时，合同与法律非常重要，因为不按常规出牌的人，最怕签订合同。

其实人的一生，基本都生活在合作伙伴的圈子里。合作伙伴的质量决定了我们生命的质量。我们要不断努力提高自己的资本、资历、资格，去结交更好的合作伙伴，当然，也必须不断地淘汰我们不想要的圈子。

好的合作伙伴的基因会一代一代地传下去，所以，我们所拥有的好友，对后代来说可能也会有极大的帮助。

永远不要相信人的一张嘴，不管他多能讲甜言蜜语，我们只要看看他对别人的实际行动，就能立即明白，这种人是否可交。

远离没有底线的人，主动接近守信的人，让我们的生命更精彩。

用创业心态做事的十大特征

1. 不要用成熟公司的标准来核算非得要赚多少钱，生存下来才是王道。

2. 价格有时候是竞争力，可以随着业务开展涨价，但在没有形成品牌前，让客户先走进来高于一切。

3. 不要与成熟项目去做比较，因为成熟项目已经度过漫长的创业期。不能压缩创业期，因为这时的痛苦与迷茫如果不突破，回头还是会走弯路。

4. 还没有做事情就开始要位子，明显不是创业型的人干的事。

5. 事情不是推演出来的，而是干出来的。创业期的战略，就是把一个不一定完美的计划执行好，然后在过程中求创新。战略执行不力的主要原因，是对当下的战略没信心。

6. 不要看到别人成功了，就以为自己可以直接一步到位。新项目一定是一点一滴从头做起的。无数创业公司，都是想暴富而惨败。不要眼高手低。

7. 营销是第一任务，没有业绩与数据，一切都是苍白的。信心建立在完成当下业绩的基础上，没有业绩，一切信心都会受到影响。

8. 整合一切资源，利用好一切能卖产品的资源。

9. 不停对别人施加影响，让别人感到你的存在。从一个点出发去解决业绩问题，不要贪大，并且清楚自己是干什么的。

10. 创业期少时 10 年，多时 50 年。创业人员没有名、没有利，没有更多的路。

如何量化老板的类型

1. 系统型老板。对战略规划、系统管理、营销平台完全精通，逐步提升。

2. 机遇型老板。对系统、人才管理不了解，擅长关系处理，其团队组成为：机遇型老板 + 系统型核心管理团队。

3. 技术型老板。对产品、行业非常精通，但系统管理、营销能力偏弱，其团队组成为：技术型老板 + 顾问 + 职业经理人。

4. 领袖型老板。人格魅力较强，有团队追随，其团队组成为：研发型团队 + 专业营销团队 + 领袖型老板 + 系统化管理团队。

你属于哪一种？抑或属于叠加型的老板，即 1+2，或 1+2+3？

CHAPTER

第二章

角色定位

慎重选择人生角色

做人最难的就是角色定位，因为印象管理本身就是一项战略。

如果我们选择做追随者，那一定要追随“正人君子”。虽然世上无完人，每人都有缺点，但一个人是利他还是自私，从他的行为上是能看出来的。德高之人，具备正能量、行大义、做大事，吸引人才的方式是有标准、有规则的，对别人有敬畏之心，对江湖道义有内在守护。追随这样的人，有安全感，更可持续发展。

如果我们选择做引领者，首先得做正当产业，不能因为获利担着极大的风险，破坏法律、健康、家庭。很多企业存在着巨大的经营风险，往往与其引领者的世界观、价值观有关系，只重挣钱，不考虑社会价值。所有追随这样的引领者的人都有很大的风险。本想挣点钱，结果连家庭财产、家庭幸福及个人自由都搭了进去，这是很不应该的。

作为引领者，必须做好印象管理。

如果专门拿别人的东西来挣钱，就会给别人留下小偷的印象，即使企业做大了，也不会得到别人的尊重。

如果总是把别人已经培养成熟的人直接挖过来，就会给别人留下强盗的印象。强盗的标签不是“强”，而是“盗”，这样一来你培养的人也会纷纷效仿你的做法，主动跳槽或被轻易挖走，最后导致你自己孤家寡人。

千万不要把自己当成神，因为你本来就是人。

如果别人把你当小丑，你其实也可以把自己当精灵。因为只有印象得到转换，你才会专注于自己的事情，这时你会突然发现，原本是小丑的人，也可以转变为精灵做成大事情。

看一个人的操守，就知道这个人的结局，这可能就是我们所说的因果吧。不要被眼前的现象迷惑，因为假象背后总有一股正能量，最后将世界重新排列，一定会有人被列到悲惨的世界里，因为世界需要这些人做榜样。

传播正能量，正确选择自己的人生角色，不做桌子底下的事，远离不按规则出牌的人，为自己做一个好的印象管理。

决策，是探索自我奥秘

（写给战胜恐惧、挑战生命印象的人）

突破

有时候像火燃烧自己的身体

而下半身，在冰冷的水里站立

当迷茫与无助时，每分钟都在拷问

自己的决策是对的吗

总渴望眼前立即出现一个人

大声对我说，这样走是错的，请回到过去

这样，我就不必再为自己的选择而去坚持
更不必为面子与世界
而死死地咬住梦想不放
世界不要迁怒于我
我也是决策的受害者

可是
当每每出现这一幕时，我不但想无助地哭泣
还想投到安慰的怀抱里安静睡一会儿
但当我假设这种场面成立时
立即有一种羞愧感冲进我的心脏
发现心脏燃烧的热情立即高过任何一种火焰
发现还是想走在别人前面一步
让自己站在冷与热、关注与抛弃、尊严与羞辱交织的闪光灯下
那里有一双双眼睛……

决策
不是为了一双双眼睛的存在而做出来
决策，是探索自我的奥秘
只有我对自我的奥秘产生了无限兴趣
发现人存在的伟大价值，还有到底有多少能量
为什么有动力活着、累着、哭着、笑着
为什么不再依赖就充满自信
为什么能把障碍搬走
为什么在别人眼里的肉体能发出光亮
是思想还是灵魂，照亮人间

不要把事业当成作业

在美国，很多地方的民众要求赌博、吸食大麻、色情业合法化，于是我非常不理解，这样下去，人不是消沉了吗？人不是完了吗？而结果是，美国依然是世界上最强大的国家，很多国家与它的差距甚至有一百年以上。我带着问题探访了美国的一个资深政客，他回答了我的问题。

他说，在美国，每一个人的生命更多的是掌握在自己的手中，是选择创业、工作，还是消沉，抑或是死，都是自己决定。

而我说，那这个国家不是完了吗？

他说，不！美国有三亿多人，就是有一亿人消沉，还是有两亿多是上进的。美国这个国家不是为那一亿人而设立的。美国会把机会给那些积极的人，这一小部分人，不但上进，还创新、充满灵性，敢于为人类的事业而努力，敢于探求未知的真理。所以，美国会放弃那些对自己没有高标准的人。在美国，是 10% 的人获得了 90% 的资源，还有大部分是中产者，当然，还有至少 30% 的人生活在生存线上，他们的生活之所以差，是因为他们把事业当作业，把娱乐当事业。

这个回答，对我产生了极大的影响，于是我发现中国人，其实也有两种人：做事业的与做作业的。

有些人把人生当成事业来经营，而有些人把人生当成作业来完成。

做事业的人是想尽一切办法，做作业的人是应付一切人生。

做事业的人，严格要求自己，在工作上追求完美。如果工作没有做好，没有与时俱进，那可是茶不思、饭不想，就是不睡觉也得完成工作，做出的产品是对社会有价值的。

极度完美的心态，决定了做事业要有“一定要”的精神。事业超出了享受，并且不受任何制度与监督的约束。所以，做事业的人是主动的、积极的、创新的、有战略的。

而把人生当成作业来完成的人，寄生在某一个环境下，应付作业，为上级而活，为生存而工作，只要工作量大一点就抱怨。把上级的命令当成任务，没有命令就不动，有命令也只要完成60分就可以了。挣的是工资，玩的是偷工减料，领导一离开就消极怠工，所以不是团队的骨干。

当看到一个人，本来可以拥有一份很好的事业，可以证明自己的价值、改变命运，突出重围，却喜欢偷懒时，我是何等心痛。我一直担心，社会会放弃这些人。

当看到一个人，就是做作业也不求100分，而只求及格就行了时，我是何等不安。

所以，不要把作业当成生命的组成部分，不妨想想，你的事业在哪里。

企业家，担当责任比挣钱更重要

聪明的人可能会害了自己，人要上升到智慧的层面。

聪明的人会想着挣钱，智慧的人会想着帮助客户。

如果能想尽办法收到客户的钱，那是一种聪明的表现；如果再能担当行业的责任，做出有价值于客户的产品，那这个企业的老板，就上升到了企业家的层面。企业不需要人表忠心，因为智慧的企业，从来不用忠诚来考核。企业一天不成长，任何人都会离开；企业一直在成长，“忠诚”这二字一文不值。

长松咨询已经不是老板的私有产物，而是一个平台，这个平台需要实现更多人的梦想，也包括老板的梦想。

谁都无法将长松咨询的平台据为私有，因为人们在这个平台上每天努力工作。如果把企业分为创业期、发展期、品牌期的话，我希望，老板身体力行地帮助企业度过创业期，然后，尽可能擦掉企业的黑暗角，为后任者提供一个更易操作的机制平台。

挣钱当然重要，但是，担当责任比挣钱更重要。

有帮助的心，更要有帮助的资格

看见一个人强大，不要寻求他的帮助，而要学到他的精华。

一个人，获得外在帮助越多，内在的强大就越少。

一个人，获得社会信任越多，内在的毒恶就越少。

一个人，获得家庭控制越多，内在的动力就越少。

我们更多知道，捐助别人的人，更容易成功。我们很少听说，一生接受捐助就能成功。

帮助有三级。

第一级，帮助别人，给别人物质，让别人渡过难关。但是，不懂帮助的人，就会在别人借钱时大方借出，不问别人是不是真的着急要。“借急不借穷”，特别是有亲情关系的人，你帮助了他，会造成以下结果：获得亲人帮助，他会更看不起家长；会有更多的人有求于你，如果你不给予支持，那你在他们眼中就是坏人。让亲人轻易获得帮助，会让他们变得眼高手低，看不上小钱，干不了大事。所以，物质的帮助，只能给予在生存与生命上遇到难处的人，不能轻易给予借力买房买车的人。宁愿得罪这个人，也不要害了这个人。

第二级，帮助别人，给别人知识，让别人获得生存的工具。这样，别人就能够在缺血时造血，变得内心强大。同时，能接受别人知识的人，本身就是有救的人。

所以，无论谁向我借钱，如果不是生命或生存出现了问题，那他得到的答复是：要么来我课堂学习，要么借给你产品，卖得现金解决问题。

第三级，帮助别人，真正建立别人的价值观，形成正面的信仰。这样，这个人才会原动力十足，奋斗不息。这才是真正的帮助。

我们仅有一颗帮助他人的心是不行的，还要有帮助的技能，那就是自我的强大。“慈善是需要资格的”，只有不断地强大自我，从小善做起，才是真正的善举。

其实，还有一种帮助，就是有条件的慈善。比如办企业、搞经营，只要出好产品、帮助社会、培养好员工、分担社会责任，这也是帮助。中国有千千万万个企业家，如果每个人都分担社会的责任，那这个国家就有救，当然，企业家也会得到好回报。

关于帮助，我们应明白下面这些话。

1. 贪图回报会抵消帮助的价值。

2. 帮助的因果回报期限比想象的更长。

3. 上帝的审判比想象的来得更早。

4. 对别人最大的帮助就是自己成为可学习的灯塔。

5. 捐助别人，自己更成功；每每受捐，永不出头。

6. 不要拯救只靠捐助的人。

7. 无论如何，也帮助不了恐惧的心。

8. 能用信心解决的问题就不要用钱。

9. 慈善是做给自己的。

合作就是生命的过程

1. 力量越薄弱，越没有勇气相信别人。

2. 我们总想让自己先穿上衣服，让自己更美丽，然后把别人的衣服扒光，指出别人的缺点。

3. 小爱从生无限烦恼，大爱扩散极尽快乐。

4. 别人没有实现的，自己没有把握实现的，或有点神话性质的战略，先不要乱说。

5. 找无限理由不前进，只有一个原因，就是现有的能力圈不能匹配未来的规划。

6. 如果要与别人合作，就一定要考虑别人的三项期望值：安全、收益、互补。

7. 不要跟想暴富的人合作，他不但会让你暴躁，更会让你爆炸。

8. 选择与谁合作，就等于选择让谁做你的老师，善恶皆可教你。

9. 全才的人一定不是人才。

10. 先成就别人，自然就会有人成就你。

商经 20 法则

1. 企业就是精英奋斗的组合体。学会与草根一起奋斗，并成为精英。不管是比尔·盖茨还是马云，写下的都是从草根奋斗成精英的故事。

2. 国家战略与企业经营。逆势国家战略者，破产；顺势国家战略者，财富千千万。

3. 经营企业的势，造出企业的场。专注积势，专业靠场，经营企业就是经营势。气势如虹者，就是善于用势能而求胜者。

4. 人才的裂变。放手，给别人试错的机会，相信别人，让别人实现自己的梦想，企业才会实现梦想。

5. 是价值主张还是价格主张。有价值主张的人，会为客户提供价值；只会用价格主张的人，会因客户降低价格而失去价值。

6. 新知识体系时代。七大新知识：互联网、数据化、空间管理、生命科学、品牌世界观、资本的增值、人力资源高绩效。

7. 整合资源法则。只有满足资源的核心利益，才能得到资源的核心价值。

8. 钱是用来干大事的。你把钱用来干大事，上帝一定让你存在；你把钱用来享乐，上帝一定会毁掉你的后代。

9. 产业链与顶端设计。企业的成功，要么在打通产业链，要么在产业链的顶端。

10. 教练能力与训练能力。教练好别人，不投资也能产生高绩效；训练好别人，不干活也能挣大钱。

11. 圈子与阶层。退出旧圈子，接受考验，建立新圈子。从草根阶层向精英阶层努力，是永恒的主题。

12. 让你的经理人挣到2000万元。这要有三个指标：顺应国家新战略，制定疯狂新机制，成为竞争新人才。

13. 与世界级的企业家为伍。一生中，值得成为商业朋友的人只有两个：导师、行业中排名比你靠前的企业家。

14. 企业战略的终点是幸福。企业的终点是幸福，不是财富。财富是幸福的第一生产力，但不是唯一生产力。

15. 用文化影响你的团队。管理员工的行为，不如管理员工的绩效；管理员工的绩效，不如管理员工的心；管理员工的心，要通过文化与梦想。

16. 独一无二的产权构成无形资产。你手中没有产权，你就得仿别人；你仿别人，你就是盗。无形资产就是一个企业竞争力的第一要素，是科学知识。

17. 企业的有序竞争为：产品—技术—品牌—价值观。你能仿出别人的产品，但不一定有别人的技术；你有技术，但不一定有品牌；你有品牌，但不一定有持续发展的价值观。

18. 为你的客户提供有形服务。服务的感觉背后，一定经过有形的设计。

19. 印象是第一生产力。国家印象是企业第一印象，品牌印象是企业第二印象，产品印象是企业第三印象，员工印象是企业第四印象。

20. 差异性竞争力福利。差异性竞争：权力、股票、成长学习、身份、梦想实现。

钱和我

钱是上帝给干大事的人的礼物，如果你把钱给浪费了，一定会得到报应；如果你有钱不担当，你的钱一定会被上帝拿走。

关于钱的法则，我大概列一些。

1. 短期挣不到钱，长期而专业才能挣到钱。

2. 不能因为没钱而降低服务他人的标准。

3. 不能因为有钱而浪费金钱。

4. 要看得起小钱。

5. 不能用伤害身体的方式挣钱。

6. 不能为了满足某个愿望而违法或违反道德挣钱。

7. 我们挣的钱一部分是国家的。

8. 我们挣了谁的钱，我们为谁提供价值。

9. 不要从事不了解的行业去挣钱。

10. 不要违背国家意志与自然规律去挣钱。

我们的生命，永远无法回避一个话题：钱和我。

钱不是万恶之源，很多罪犯是没有钱的人。钱不但不是万恶之源，还是首善之源。钱可以富强一个国家，钱可以富裕一个家庭，钱更可以改变一个人的命运，钱还可以慈善四方、福祉天下。

这个世界上有三层关系：我、财富、情感。所以，除去情感关系，世界都可以成为我们的财富，并且，很多财富都是免费可得的。但是，钱必须通过一个流程挣来。有的人学历很低，却很有钱；有的人从不多做工作，但很有钱;有的人生活轻松，但很有钱。这是因为，他们掌握了挣钱的秘诀。一个人很有钱，一定是他之前做了什么事情、什么决策、什么工作，吸引了大量的钱。

钱是吸引过来的。

自我优秀的人，才能吸引钱。钱本身不是挣的，是别人给的。在生活当中会有这样的人，有很多人心甘情愿地把钱送到他的面前。试想一下，这样的人，一生会缺钱吗？但有些人，即使是我们的父母、爱人、亲人，我们也不愿意多给一分钱，斤斤计较。为什么？因为，他们没有掌握吸引力法则。善良、帮助别人、有能力的人，能吸引更多的人给他钱；而计较、自私、不考虑大局、伤害别人的人，会有很多人不愿意让他很有钱。

有一些人，通过一个机会挣了很多钱，但没有掌握吸引力法则，结果钱偷偷地跑了。钱，是世界上最不忠诚的家伙，当你不爱世界时，钱第一个离开你。所以，要想吸引钱，首先要做一个有吸引力的人。钱没有名字，钱在谁的手中，就属于谁，但是，钱总喜欢去爱钱的人那里。如果你能吸引朋友，吸引同学、投资人、客户、政府……那么，你就能吸引到钱。

爱钱的人，才会有钱。

很多人想有钱，但不爱钱，不了解钱的贵气。钱不是人情交易的筹码，更不是买通关系的通道，既不是违法的保命锁，也不是不承担责任的贿赂金。钱其实是情感表达的一种方式，是幸福感的一张凭证，是疾病的去痛药，是求知的金钥匙。钱可以买到情欲，但钱的更大价值是滋润爱情，靠钱可以得到朋友，但钱更大的价值是升华友情，钱可以买到官位，但更大的价值是成就子民。

钱这个有用的东西，需要我们的爱。我们要珍惜它、保护它，绝不乱花一分，让它起到正面积极的作用。我们身边有很多人需要钱，包括我们自己，珍惜钱的人，才会被钱爱。靠K歌拉关系、靠酒桌吃饭，去疯狂花钱的人，钱不会爱他，反而会反感他。如果他的后代都学会了用这些办法去挣钱，那钱便不再爱他们。

钱 = 需求 × 人数 × 时间。

需求决定合作金额的多少，人数决定客户的多少，时间决定挣钱机会的多少。比如，找一个需求大的客户，那一生也许有这一个客户就够了。如果你的需求单项金额小，那你一定要有足够多的客户。比如你是卖鸡蛋的，全国每人吃你一个鸡蛋，你就发财了。时间，说的是这个世界没有一下子就发财的事情，很多人想一下子暴富，其实不可能，但如果你一个月挣十万元，那一年就挣一百二十万元，三年后，你的江湖地位也许就全变了。

服务就是种一棵摇钱树。

服务就是种一棵摇钱树

我花了谁的钱，谁花了我的钱，谁的钱被我花了，我的钱被谁花了？

我花谁的钱，谁就在给我钱，我一定要服务好他。试想，一个给你钱的人，你都不服务好他，那你还会再有钱吗？谁花了我的钱，谁就应为我提供服务，否则，我就不再给他钱。谁的钱被我花了，我必须记住他的名字，知道他的需求，了解他的内心。我的钱被谁花了，他必须满足我的需求，知道我的需要。如果我们不好好服务客户，我们的竞争对手将乐意代劳。

钱是承担责任的人获得的回报。

教育孩子 12 法则

1. 贵族的标准：高贵的素养、担当的责任、自由的心境。
2. 孩子不需要监督，需要的是信任。
3. 孩子的缺点，都是从大人那里学来的。
4. 放下孩子，孩子才会自由。
5. 不要让孩子进入大人的频道，而是让大人进入孩子的频道。
6. 激活孩子内在的创造力，胜于让他记住很多知识。
7. 自信心是从一个优势开始的。
8. 孩子最难培养的是自控力，关注孩子越多，其自控力越差。
9. 孩子的健康是他成功的前提，生命之外无未来。
10. 天下兴亡，我的责任，孩子做好小事情，比有远大理想更重要。
11. 没有逆境，就没有逆境商；没有情感，就没有情商。

12. 自然教会自然能力，家庭教会情感能力，社会教会社会能力。

同样的道理，也适用于企业管理。

做一家世界级的企业

（在美国斯坦福大学学习心得分享）

1. 创新是平民化的，并不是只有高端大气上档次的企业才能创新。

2. 成功需要不断试错，允许失败，这是硅谷的核心文化。

3. 客户在很多情况下并不知道自己想要什么，我们要做的并不是简单盲从，而是重新构建他们的问题，真正了解其需求点，从而给客户真正想要的。

4. 产品设计的关键步骤。

- Empathize：同理心。必须站在客户的角度想问题，了解他们的使用习惯，了解他们背后的故事。
- Define：重建问题，并明确产品全貌。
- Ideate：深入构想产品，并形成概念。
- Prototype：构建产品原型，并确定标准和规范。
- Test：反复测试，不断试错，最终成型。

5. 雄心与坚持可以让人做一些看起来很疯狂的事。

6. 微互动，增加客户体验，以此区分于其他产品。

7. 如何做一家世界级的企业。

- 创新，还是创新。
- 资源的有效利用，包括有形资源和无形资源。

- 担当社会责任。
- 高素质的管理团队。
- 财务健全。
- 提升产品与服务质量。
- 长期投资，不只关注眼前利益。
- 打造全球竞争力。
- 打通利益链，建立系统机制。

CHAPTER

第三章

打破旧圈子

失去信仰，就得不到尊严

没有信仰，你就不会百分百投入精力去创造工作

战略规划上犯的错误，将来你要加倍来修补

对自己的产品与工作不是苛刻到完美，你就会对自己的工作数据与业绩视而不见

对自己要求标准低，其实侮辱的是自己的才华

尊严就是用比别人更快的速度

比别人更严格的标准

比别人更有效的方法与创新

比别人更多的付出

做出让自己都渴望得到的产品与工作价值

换回创造的尊严

活在只挣钱路上的人，不是别人的工具，就是时间的工具

每个人都可以成为有梦想的人

但践行梦想路上的人

有的人从不准备，有的人心大手小，有的人只是音高力弱，有的人直接进入错误的频道

对陌生技术，对新事业，对新市场漠不关心

所以失去信仰，就得不到尊严

战胜自我的恐惧，就有了起点

不断地关注就有了智慧和力量

敢于尝试并成为深度践行者，就有了成功的可能

敏锐的即时战略，会让任何弯路成为通道

极度要求能让标准提高、梦想清晰

等待中学习，会悄无声息领先竞争对手

合理分配能量，会让你的生命发展更优化

所有的秘密

就是成为一个担当责任的人

如果懂得吃亏是福

如果传播正能量

如果发散思维、集中行动

上帝之手，就能抚摸到你的头顶，传递爱与智慧

靠别人帮助永不成功

有一个朋友经常向我抱怨，说他之所以没有别人过得好，就是因为我把最好的资源与训练机会给了别人，对他的帮助太少了，没有照顾他所致。

其实大家忘了一个道理：所有的帮助都是留给有希望的人的。我们一般不会帮助永远没有希望的人，虽然帮助没有功利心，但也不希望付出帮助以后，看不到任何结果。

很多企业家之所以成功，大部分的情况是这样的。

1. 没有得到父母的照顾。

2. 被忽略的对象或无生活来源。

3. 没有被动指导，而是主动求知。

4. 最重要的决策是自己完成的，哪怕是痛苦的。

5. 十字路口不求别人，胜败都自我担当。

6. 善于帮助别人，但不轻易低头求人。

7. 获得帮助后，用更大的价值回报别人，让别人因帮助有成就感。

8. 帮助别人以尊重别人为前提。

9. 遇到困难去学习，而不是拿来应付。

10. 主动、有原动力，认为自己是强大的、有社会价值的。

11. 担当起自我、家庭、社会的责任。

请记住，社会道理就是如此。

1. 世界上的人太多，所以上帝很忙，上帝不会帮助连自己都不帮助自己的人。

2. 帮助别人其实也是为了帮助自己。

3. 随意接受别人帮助并且没有回报的人没戏。

4. 好企业都是靠帮助社会，而不是靠施舍变得伟大的。

5. 一个人多次借别人的钱，是会养成习惯的。

6. 要想帮助亲人成功，千万不要施舍太多的钱。

7. 不要帮助道德败坏的人。

8. 对别人最大的帮助就是给别人机会。

9. 远离不守规则的人，特别是装得很可怜的人。

10. 帮助那些渴望成功并不断试错的人。

所以，一个人的幸福，不源于父母、学历，而源于自我的原动力。自己不愿改变，外力无法推动；自己愿意改变，世界的资源会主动找上门。

人生不要轻易做的三件事

1. 不要轻易否定未知的真理。

未知的真理，就是我们不了解，或我们没有践行过的真理，有些只是我们认为不合理，就开始否定了。但有一天，也可能我们的否定，会让我们吃大亏。

2. 不要轻易定论不熟知的人。

对于不熟知的人不要急于下结论，特别是不能从别人那里听到否定后就直接加以否定。因为每一个人所处的立场不同，一定要经过接触、了解、认知，最后才能得出结论。

3. 不要轻易拿未付出就得到的财富。

没有付出就获得的财富，拿了会有风险，会让你养成不劳而获的习惯，终有一天会让你付出更大。

你能把一件事情做好吗

“你能把一件事情做好吗？”我经常这样问自己，这也是自我激励的一句非常重要的话。然后我回答自己，一定能做好，只是我得投入时间与精力。

很多时候，我们无法看到事情的即时变化，所以会怀疑自己是否能得到期望的结果。

后来我看了很多关于人生与成功的书籍，总结了几条有用的道理分享给大家。

1. 探索。高绩效是人做出来的，而不是数学公式或哪个模式套出来的。这决定了我们想把一件事情做好，发动全员探索是非常重要的。

2. 激情。激情是做好事情的基础。要想有激情，得有较强的进取心，愿意投入时间，特别是要能把完成工作当成生命的享受。从来没有听说过，把工作当负担就能闯出一片天地的。

3. 职业专注。兼职的人与多目标的人很难把事情做到精通。只有专注的人，才会精通于一件事，并了解事情给社会带来的价值。任何事情就怕较真，所以在想放弃时必须想一想，一起做这件事的人，有太多的人还没有看明白就退出了，于是我们就有了机会。

4. 学习与交流。这两者同等重要，社会的智慧很多，关键看你的心是否打开。如果你虚心学习必要的知识，社会一定会为你准备机会，因为所有人都愿意分享自己的精华点。

5. 追求。完成一件事情，需要有追求，特别是人生质量提高、心境提高的追求。

你能把一件事情做好吗？是的，我可以，我需要立即行动。

领袖玩的是王道

1. 多一点帮助之心。

只要把“你对我有什么用”，改为“我能帮助你什么”，立即心态平和，不可能有失落、计较与不平衡。一切的失落、计较与不平衡，其实是想从对方那索取，所以才关注对方的态度、爱与资源的给予。

真正的合作是帮助，是基于我对你有什么用处，而不是我能索取到什么。如果不知道别人为你在背后默默地付出，那只能让一颗“帮助的心”渐冷，这样本身就是一种误判。合作是互帮、互生，当然也是互信。如果别人不信，那一定要自检。

2. 心灵沟通很重要。

心灵不沟通，是无法持续合作的，因为任何远离心灵的利益都无法达到平衡。业绩高的人会提前不合作，业绩低的人会成为组织的成本，而业绩与成本平衡时，又没有价值。人与人合作的本质，不是利益的得到，也不是对组织的付出，而是心灵是否有共同的价值与追求。这是基石，是连接灵魂的桥梁，是心灵沟通。心灵沟通不一定用言语，可以靠感应。那么，我们有没有做到让别人感应到我们的爱？

3. 沟通大于求证。

合作的智慧，就是不制造“是非”，因为“是非”本身就是问题，也是成本，更是内部癌症。当然，猜想“是非”比真“是非”还可怕。有“是非”心理的人是需要成长的，因为“是非”不是爱的高度，只是利益的标准。解决“是非”的办法有三个：直面沟通、时间洗白、主动求证。

4. 相信在心里，用时间去证明。

相信与不相信，是相对的，但一定要相信合作者，因为几句空话不再相信合作者，那只能让合作者离开。所以，父母、亲人、公司伙伴、老师，是相信的核心人。解决困难的钥匙不是办法，而是相信，因为一旦不信，任何方法都没有动力。

5. 保持激情去工作。

可做可不做的事要做，而不是能不做的事不做。人一旦养成这个坏习惯，那本职工作就完了。管理者的本职工作不但关系到自己，还与很多人的命运联系在一起。管理者一旦对自己不负责任，那他一定会对很多人不负责任，这是很可怕的。

6. 主动者掌握局面。

领袖的三大短板：感性、求利、走极端。三大弱点：自卑、恐惧、有情绪。三大优点：自我管控、学习力、格局。三大高业绩要素：主动、带动、敢尝试。

王道是什么？王者之尊，圣人之道，不下背后之手，不操桌下之盘，不言伤天之语，不建失德之军。

身份意识

在西方，在亚洲
贵族都经历了上千年的历史
贵族，在历史上最关键时刻，发挥着极重要的作用
贵族不一定是有钱人
贵族最重要的是有一种意识
身份意识

身份意识
就是你自身角色认知的身份，从而表现出来的行为意识的统称
贵族意识，是身份意识最为重要的一种
贵族意识不但有物质的品位，更要有精神的家园

承担是贵族的第一意识
诚实是贵族的核心意识
礼仪是贵族的行为意识
优雅是贵族的形体意识

一大部分草根不是不能成为贵族
而是行为表现出来，内在没有成为贵族的原动力
从自身的生活与事业行为，及向后代传承的世界观
找不出贵族的身份意识

大凡失败的人，基本上都有一个共同的特点
就是没有精神家园
家不像家，所以人不想回家
如果家不正，家不暖，家如何有精神

英国王室的每一餐都有礼
王子的生活都有节
英王室仍是世界上受尊敬的家族，是因为他们懂得自我尊重
身份意识就是自我尊重

大气的先生背后有计较的女人把事业给毁了
也有梦想高远的老板下面一群屌丝打牌男把梦断了
永远不要与身份意识不匹配的人合作
他不爱你的表现就是他坚持他的牛烘烘生活态度

历史何等接近
那就是一个草根一旦成为精英
一定会踏着草根的尸体前进从而忘记草根
只有纯草根，在网上，在论坛里，在马路上，在酒馆里
呼号

草根喜欢骂人
政府、国企、老板、艺术家、教授……一个都不放过
因为只有没有身份意识的人，不需要对任何阶层负责
不认同阶层不代表阶层不存在
不认同贵族不代表贵族意识不存在

不认同精英更不影响精英成长

阶层与精英的区分，在未来社会中，不是一代人能改变的，至少现在还没有身份意识的人无可改变

形体越是牛烘烘的人，内心越牛烘烘

我们发现，在美国越是中下层的人，体形越变形

自我管控是作为一个贵族的第一要务

表里修一，如水无形

草根最擅长的就是安慰自我，其次是寻求认同

从今天起，不管我在哪个位子

确立身份意识

特别是贵族意识

不管我现在在哪儿，不管我此生能到哪儿

我要求自我多于社会，自我成长大于他人，自我担当多于团队

我教育家人与社会期望匹配

不掉队，不拖后腿，一起

讲真话，提醒自我的身份

从想到中，做到

PART

第二篇

蜕变成长

篇首语：生而不从恶业

如果生为不死，生来何故

生不为死屡造恶业，不死又是何故

世事无常，始终生灭

以善求利，善利平衡

以恶业求利，不惧怕亦死

灯火不熄，死即再生

念念相继，世为轮回

是呀，首先接受死，才可以活好生。没有永远的生，不管哪种死，生要有价值。

如果我们屡屡制造伤害别人的业，那我们凭什么还活着。所以，只有怕，才会让我们慢慢了解人世间的因果。一定记住，不伤害人，不做伤人的产品，不欺骗人，不做恶业。

人只有相信因果，才会在世间平安，当然也才会世间平安。钱不是人世间的唯一追求，如果为了钱去做恶业，那得不偿失。

不要过度地透支我们的能力去挣钱，因为获利太多而价值不大，一定会有自身的伤害。只有不从恶业，才会持续发展。

生命轮回，成长的人会将不成长的人淘汰，这也是世间的规律。

所以，存在的价值非常重要。

CHAPTER

第四章

原动力

“一定要”与“不得不”

“一定要”，是梦想一开始就行动无阻力，然后不断挑战困难。虽然明白通往成功山顶的路上，有一万个曲折，但会想尽一切办法主动出击。这些行动，叫作先觉。

“不得不”，是舍不得当下，忘不了回忆，只有事情自然发展到不得不去做，或已被时局推到必死边缘时，才去行动。

“一定要”与“不得不”都是决策。其实不管如何选择，每往前走一步，都充满着无限阻力。有自身的恐惧，有已有的成果，有无助的迷茫。

两种决策都存在成功与失败，“一定要”的结果总是比“不得不”来得早一些，让一个人的人生节省了时间，去追求下一个“一定要”。“一定要”的人，往往没有时间恐惧，虽有无数次成功，但也会面临“不得不”。所以，警示“一定要”，检查“不得不”的变化，这就是弄潮儿。“不得不”，由于没有“一定要”的精神，大多会接受“一定要”放弃的结果，得到自认为有用的垃圾。

大部分时间，“不得不”会给“一定要”打工，并且，“不得不”还每天都生活在“一定要”的影响下。

当一个人失去了主动的原动力，靠别人推动时，就会变成“不得不”。

当我们与别人相比没有明显的优势时，我们战胜别人的最好办法就是比别人勤奋。

先变者让后变者不得不变，或让后变者死。

向陌生前进，感谢未知带来的喜悦，一定要！

成功的源头：原动力

原动力有三级：生存的动力、满足的动力、成就的动力。

不怕没学问，就怕没有原动力。

家长教育孩子最大的问题是，安排了孩子的一切学习，让孩子拥有了各项技能，却没有解决原动力的问题。孩子的一切都是被安排的，所以孩子离开了家长以后，迷失而无助。

一个企业负责人，千万不要帮助别人设计全部的人生安排，因为一个没有自我意愿的行动注定不是完美的。生命被安排，是生命悲剧的开始。

如果一个人有原动力，他会不休息、不睡觉、不吃饭，一切精力都集中在一件事上，并从这件事上获得一切成功的可行性，然后行动。

体验到生存关口的人，一定会珍惜任何一个机会，因为生命压力会激活他求生的欲望。这是人最后的斗志。

满足感是在奋斗过程中非常重要的感觉。一个人吃了很多苦，只为满足一点乐，就像做了一晚上的饭，只为吃二十分钟的美味。这种满足动力，让人追求一个个即使苦也要前往的行动，这种人是有救的。有成就动力的人，是看不得别人超过他的，有梦想就一定要实现，哪怕是用一生。

很多人会感慨，但不会行动，因为天生缺少原动力的人，最喜欢感慨。

想办法去激活一个人的原动力，让他看到榜样的样子。想办法让一个人拥有原动力，让他体验到生存、满足及成就的感受。这很简单，却是教育的灵魂。

民营老板心法

1. 管理要做到无情有爱，不要谈感情，但要谈关爱。从内心里去爱我们的客户、员工与企业，但不是照顾没有奋斗能力的人。

2. 分配就是算清账，核算出利润，好分钱。

3. 一个企业利润有五间房：一间为国家税，一间为企业发展金，一间为研发基金，一间为股东利润分红，一间为关键人才分红。股东拿着股东分红的钥匙，这个企业就成功了。

4. 人的一生就是空间优化的过程，不断退出原来的旧圈子，接受考验，建立新圈子。

5. 一个人能容得下多少有缺点的人，他的世界就有多宽广，再有缺点的人也是资源。

6. 员工的一级幸福力是收入满足，二级幸福力是成长通道，三级幸福力是权力获得，四级幸福力是荣誉成就，五级幸福力是公司就是自己的事业。

7. 老板自我改变，员工必然改变，做一个有素质的老板，才会带领有素质的员工。

8. 有些产品是为员工设计的，让他们挣到钱，他们才能让公司挣到钱。

9. 企业经营的本质是经营人，经营人就是“教育客户、训练员工”这八个字。

负责人的命

得了负责人的病，自救负责人的命。

作为企业负责人，可以有人不喜欢我，但我必须喜欢对公司有用的人，这不是因为我修炼到此境界，而是因为使命使然。

当然，为了公司的使命，我必须做到无条件地培训伙伴，不管接受培训的伙伴是不是有私心，或者学完就去创业，我依然会如此。因为大部分的伙伴，增长了见识，学会了管理，会为公司使命的实现推一把力。

很多时候，虽然我知道有些学员就是为了模仿我们公司的产品而来听课的，但我还是会卖力地全力分享。因为，除了他们外，更多的企业家需要把学到的知识运用到企业的发展当中去。

培训行业有不少人靠专门模仿别人而生存，而且是四处模仿，但我不能为此而否定我的行业，因为我是行业中的一员。否定这个行业，就是否定自己的选择。有时很可笑，有时很可气，但我还是坚信，如果我跑得快，如果我够创新，我就不会失去竞争力。

有些人变本加厉地按照不义的方式工作，因为他们知道没有未来，所以只能把握现在。中国最朴素的文化是以义求利。利润之上的追求，为义；追求利润，为利。中国远古以此为衡量标准，我也必须有所敬畏。

就是有人放弃我，我也不能轻易放弃想放弃我的人，因为他有价值，我有使命。并且，我的价值不能完成全部使命。就这样，我必须把自己当普通人看，才可以臣服于一个个英雄与榜样。所以，谁想弃我，我不远离，我改变！

我可以安慰别人，但我不需要别人安慰。因为，我的终点决定了我的性格，我的性格不是天生的，是后长的。再低潮，我也是去找解决的方案，而不是去找地方放松。我关注每一个人的心情，唯一不去考虑的是自己的心情，因为我的心情不属于我，属于梦想！

世界上最难做到的就是相信，大多不相信的人是因为利，而我必须选择相信，因为我明白利生于众，义生于心。相信，是整合的第一步，而整合是显现的第一步；显现是我的目的，相信是我的战略。

我知道，我花了谁的钱，我必须心里装着他们，那就是我的客户；我也必须知道谁花了我的钱，那谁就必须为我提供服务。

我把明显的缺点公布于众，让大家认为我是真诚的人；我把致命的缺点偷偷改掉，让大家认为我是一日千里进步的人。总之，我是面对缺点的人。

我经常看失败学，以防我在成功时得意忘形，在低谷时无法站起；我经常省钱不为形象，以帮助我在挫折时适应生活；我经常提醒我要服务，以免位高时我专权霸道；我更经常看书，以防众人飞奔而我散步。

无奈是一个负责人的局，接纳自我与世界是一个负责人的命。

这就是我的办法。

大事业从懂成交开始

成交是一个小话题，但能起到大作用。

成交能力就是一个企业、一个人的生命力，所以，大事业从懂成交开始。

我做讲师超过十年，从一个只靠授课拿课酬的讲师到自己开办公司，开公司遇到的第一个难题是销售与成交。为了突破成交关，我亲自做会议营销，在产生销售额的那一刻我有难言的喜悦。我学会了成交，我的公司也因此存活了下来。由此我深深认识到，成交是企业和个人的一种基本能力，每个人都必须学习并掌握成交。

而今天，我管理2200余名员工，其中80%的成员是业务系统的伙伴，这些伙伴让我们公司的业绩站到了培训行业的第一梯队！

我的成交方法都是学来的，在此跟大家分享。

1. 成交是要把不认识的任何资源整合到我们身边。也就是说，成交不单是营销，也是生命的组成部分。所以，业务员讲成交，经理讲成交，股东也要讲成交。

2. 业务成交始于收款，结束于转介绍。也就是说，没有收到资金的成交，本质上不是成交。成交三要素：准备、成交、交付。

3. 成交的核心是一体思维，就是与客户形成一体思维。如果是二体思维，持续性发展就会遇到问题。如果真的做到一体思维，那你的业务生命力会更强，因为有巨大消费能力的人多是智商高的人。

4. 成交的本质是爱，成交的灵魂是让顾客喜欢你，成交的公式是价值与价格的对换。

5. 成交的过程就是一场培训，所以必须要有准备。所有的成交都需要设计，没有流程的成交无法复制，不能复制的成交就不能扩张。

6. 每天服务客户，有客户看不见的变化，才会有看得见的决定。

7. 帮助解决顾客的风险，才会成为顾客信任的对象。

8. 成交的训练，包括了榜样复制、流程分解、训练通关。

9. 顾客永远选择让他享受便捷的企业。

10. 要有利润之上的追求。

一个人的原动力决定了一个人最终能走多远。为了责任，可以成就一份事业，而只为了钱，我们会产生很多的焦虑，关注短期效应。

成大事者，都是有梦想、有使命感的人，懂得以终为始。营销是一个高尚且可以一生从事的职业，成交的初心是为了帮助客户成长。我们要有帮助客户的能力、帮助客户的方法、帮助客户的决心。

成交是一件无比美妙的事情，企业有成交才会有销售额，人要懂得成交才能树立影响。我认为，每一个人，都必须过成交关。

好战略是激活自我

看到一个个公司的新年度规划，有的公司要做到 200 亿元营业额，有的要做到 800 亿元营业额，有的甚至要做到 1000 亿元营业额。其实，一家做到 200 亿元营业额的公司，一定是商业模式的革命，而不是原商业模式的数字变大。如果只是规划规划，无限臆想或自我极端构思也就罢了，但如果拿着客户与员工的生涯规划去做赌注，那就太可怕了。

所以，务实的规划，也只是在大环境好的前提下，增长 30% ～ 50%。如果一年增长 100%，那说明我们的命运好、产品好，真心为客户提供了价值。这不是规划得好，而是我们的行动力超出了规划，是值得祝贺的事情。

不要看哪家企业规划了什么，做企业拼的是耐力。在硅谷有一句名言：不要看竞争对手做了什么，而是看客户需要什么。

长松咨询，不可能规划十年以后要成为多大的企业，如果没有创造价值，其实什么企业也没有存在的必要，包括长松咨询。长松咨询应该务实地把内功做好，做专业的系统管理，做人才的培养，为民营企业这样的精准客户服务，让客户在起步过程中完善基本的管理系统知识体系。

长松咨询不可能成为别人的救世主，不可能帮助别人暴富，不可能让别人不劳而获。所以，帮助企业建立管理系统，先从民营企业老板的意识做起，接着从管理系统建立做起，再从人才打造做起。这就是长松咨询的产品从战略、系统、人才三个角度入手的原因。

好战略是激活自我

一个不理性的老板，一定会让企业走向疯狂，然后灭亡。一个不理性的咨询机构，会让很多企业家走向疯狂，然后集体灭亡。所有的奇迹都是建立在知识体系与资源能力的基础之上的，做梦固然是好事，但底牌是真东西，**好战略是激活自我，而做梦般的战略只能欺骗自己。**

所以，长松人要务实地做规划，不要把自己当成神。

生活富足的十个习惯

1. 虽然怀旧是一种品味，但生活富足的人要能适应新社会、新地点及新的工作方式。

2. 玩转团队，也就是你的性格可以与任何人接触，不存在喜欢与不喜欢。

3. 学习，不断获取新知识并且能应用。这样才会有足够的能力战胜恐惧与社会变化。

4. 首先做一个低生活标准、高业绩标准的人，适应任何环境，把专注力集中到高业绩上来，然后用富足改变你的生活标准。

5. 能把不少于 20% 以上的收入投给他人。

6. 学会否定自己，因为否定意味着新生。

7. 有一技之长，而不是什么都懂。因为什么都懂会让你失去机会。

8. 有原动力，就是做什么事要有动力，否则能否坚持一定会成为问题。

9. 能吃亏、受委屈，不把吃亏与委屈当成痛苦。

10. 敢于挑战大项目，当然，未做成时要低调。

家庭教练，幸福的导师

家庭中，没有上级！

所以，家里也不存在管理者。夫妻之间不要相互指挥，父母不要命令孩子。家庭幸福的密码，非常难找。

家庭教练，才是幸福的导师。教练，就是帮助团队成员获得自我智慧，激发其正能量，使其奋斗不息，获得成功的人。配偶有问题，不只是与本人有关，与另一半不懂教练也有很大关系。

家庭的目标，是家庭团队集体幸福。一个人的幸福，不能建立在伤害其他成员幸福的前提下。

不管是孩子还是爱人，不管是父母还是兄弟姐妹，对他们来说，最大的帮助不是金钱的帮助，而是你成为优秀的教练，成为他们人生的教导者。

努力成为家庭教练，需要以下素质。

1. 尽可能表里如一。

2. 具有极强的识别力，对事物的判断准确。

3. 有沟通能力，而不是单方面指令。

4. 不只要求别人成长，还要自我成长。

5. 向家庭成员营销自己，增加吸引力。

6. 成为榜样。

7. 依据别人的情况合理给出人生规划建议。

8. 有耐心。

9. 无条件的爱，不追求回报的情感。

10. 宽恕与释怀。

家庭教练的十大错误。

1. 不能原谅别人的致命不足。

2. 索求。

3. 挑战的恐惧。

4. 只注重表面，不关注内在。

5. 每天思考给后代的钱，而不关注孩子的品格。

6. 家庭是一个交易平台，本质上相互利用。

7. 不能用一生的时间去经营婚姻。

8. 控制。

9. 熄火。

10. 不尊重。

孩子不需要上级，孩子需要家庭教练。我们在孩子身上所犯的错误，是会永远伤害孩子的。

1. 安排了孩子的一切，一次一次打断孩子自我探索的活动，最后孩子不再追求探索，只需要学习好就行了。可能会导致孩子一事无成，最多也只是世界大公司的基层打工者。

2. 不停地命令孩子按照我们的思路做事，为什么不鼓励孩子按照自己的想法大胆去做，家长当一当观众？

3. 假生气，结果让孩子学会了真生气。

4. 不观察孩子的原动力在哪里，而是让孩子帮助我们实现我们的梦想。

5. 让“孝”字成为孩子的负担，而不是鼓励他实现自己的梦想。

你想成为家庭教练吗？

相信自己，并且相信从自我改变到家庭优化，再到家族改变，这一切都很轻松。

战略的终点是幸福，不是财富

年龄越大，越要给自己时间，与自己相处，聆听自己的声音，知道自己的需求，然后好好与自己相处。

战略的终点不是财富，是幸福。财富是幸福的生产力，但不是唯一的生产力。

男人爱女人最好的证明是给时间，女人爱男人最好的证明是给他梦想。

为了企业，有的人落下一身病，有的人妻离子散，有的人身心疲惫，有的人精神崩溃。所以，我们不能成为战略的工具，战略应是我们的工具。

无关生智，局外生慧。不懂放权的老板不是好老板。对员工来说，有时拥有权力比拥有财富与晋升机会还有吸引力。企业家是战略家，不是所有事情的操盘者，不懂系统、不懂放权，企业家只依靠自己，这是最可怕的。

战略的终点是幸福，把极端的悲观想象删除，首先从吸引正能量开始。

CHAPTER

第五章

挫折面前

通往未来的道路经过苦恼

我们经常为事业而苦恼，特别是当难题无法解决时，苦恼更是无法避免。我们发现，很多人也都在为此而苦恼。

其实，不是任何问题都能立即有答案的，在过程中摸索，问题自有答案。

经营企业，不要把过多精力用于关注竞争对手。我们要做的，更多的是关注客户，客户体验是企业经营的核心。

在一件事情还没做之前，所有人都会有恐惧，因为在对自身的评估与理想的对接中，我们首先会选择最能掌控的事情，而最能掌控的事情往往是极少的。所以，勇往直前去证明自己的战略是不是对的，才是做大事者的行动力。

这个时代，总会有一些人先苦恼。因为先觉会带来不安，领先的行动却又无助无力。这时，立足于当下，然后一步步求变，就是建立新优势。

新优势就是整合新知识体系，用新思维去经营人生。我永远不相信口中的真理，只相信手中的真理。

通往未来的道路要经过苦恼、试错、体验过程。

企业死于职不担责

企业死于内部

多是职不担责

职不担责的三大原因：能力不够、领导力不够、决心不够

把企业交给职不担责的人去管理

会带来重重危机，最后无法回头

只知道自己的死期与死法，不知道活着的办法

职不担责的人履职，是系统机制出现了问题

一定会有人站出来对公司的未来负责

所以所有人都面临着“流行”与“过气”两种结局

解决问题的办法就是职责相担

授权不如授责

担责之人才理当获利

让一切的苦难得到安息

一件事，需要有开创者、接力者与终结者。当我们想把这三者的工作全部完成时，不是伟大的梦想受到伤害，而是我们还未开始，人已伤极！

我发誓，让一切的苦难得到安息。

我必须感谢，正是因为当年一些人的自私，让我的创业元老们失去了与他们合作的希望，落魄地来到我身边。我更感谢，在我走投无路必须创业时，从团队中获得无限的喜悦与结果，让我的生命有了大放异彩的机会。

一个人的能量，包括爱的能量与给予的能量。当没有给予的能量时，爱的能量会变得苍白而有负担。爱，有时候也是枷锁。给予，可以理解为把能量扔出去，对别人是恩赐，对自己是排出，而爱，更多还需要对方回应。

人生的交往就是：我在，你在，我们彼此不是负担。我在你的生命中，你在我的生命里，我们都很喜悦。这种柔和的力量，在最弱势时往往能荡漾出真正的处理苦难的方法。

在梦中我问上帝，为何我在非常累时看到沙滩上有两行脚印。上帝说，那是因为我陪着你走。我说，为何我最累时却只看到一行脚印。上帝说，那是因为我在背着你走……

通往成功的山峰，路上有一万个曲折。

今天我平静如水，因为发生的一切，都是我能预料到的。我的生命，没有发生过奇迹，也不愿是一张白纸。

没有任何情绪的关系，是人与人交往的最高追求。

我们放下面子，放下成就，放下求索，会发现未知的快乐。

从今天起，接受自我，改变自我，突破自我，也是一种能量。

你会看见我！

老板要这样想

当面对苦难时：今天一定会过去的。

当面对创业时：明天一定属于勤奋者。

当面对成绩时：昨天是大家的功劳。

当面对赞美时：其实我们还可以更好。

当面对合作伙伴时：此时我必须讲真话，哪怕你不爱听。

当面对竞争对手时：我的目标是担当行业责任，我会做得更好。

当面对家庭时：我对事业的态度，就是对家庭的态度，我的事业是家的一部分。

当面对财富时：挣钱的快乐永远大于花钱的快乐。

当面对自己时：如此努力，只为探索自我的奥秘，看看内在的能量。

当面对祖国时：请让我来做这份事业。

心有理想，春暖花开。

妥协的力量

其实，在关键时刻人需要的是妥协，因为只有妥协，彼此才可以继续合作下去。

妥协是一个人的能力，不懂得妥协的人没有合作伙伴。

大家一般都是站在自我立场上思考问题，即使站到别人的立场上考虑问题，也很难建立在“自伤”的前提下，所以妥协很重要。

强势的成功是偶然的，这需要建立在极具先进思维与强大经验的基础上。而一个家庭、一个公司，幸福而上进地生存下去，需要平静的心态，去聆听对方的声音。妥协不是失败，而是成功的开始，因为妥协的人，总能获得比分离更好的回报，

一个家庭，要的不是 1+1=2，而是 0.5+0.5=1，如果能把自己的锐气减小一半，家不会出问题。一个企业，要的不是 1+1+1=3，而是 1×1×1=1，1 代表 100%，1 是成功的。

对领导者与员工来说都一样，相互妥协是相互存在的前提。关键时刻，我们应该在心底问问自己：“你能妥协吗？”以免因非理性而情绪高涨甚至失控。

人生贵在淡学

其实，成功是比较简单的一件事情，是我们把它搞复杂了。成功就是要有一项过硬的本领，然后好好服务需要这项过硬本领的人。我们把它搞复杂的根本原因就是，连过硬本领都没有，却天天谈状态，夜夜谈成长，心比天还高。我们不妨静下心来问问自己，到底牛在哪。

每一个成功的人都有无法替代的闪光点。所以，不专一门，哪能有过

人之处？无过人之处，就不要怕大家看不起。世界是公平的，又要别人给面子，又不想付出和成长，这是不可能的事。

人生贵在淡学，淡学就是做人看淡，生命在学。把自己的价值放在最重要的位置，把自己的面子放在最不重要的位置，静观形势而成长。

为什么有些人的竞争力一直没变，没有突破性变化，最后还得靠别人的成长来带动？其根本原因就是没有发现与分析自己的长处，产生误判。形势变了，世界也变了，从“想到”到“说到”，从“说到”再到“做到”，有很远的路要走，只有淡学，淡中求不宠，学中求竞争，这样才会保持竞争力。

四个坏习惯让我不再优秀

我意识到，我身上有四个坏习惯必须马上改。这四个坏习惯会毁掉一个人，并且还不容易被察觉。如果你身上也有这四个坏习惯，必须深深自检。敢于面对自我，才会重新回到富有梦想的自我。

1. 无法保持持续的创业激情。

创业激情是什么？是一种充满斗志的人生态度。之所以没有激情，核心问题是做比较，向下看齐。

一个人最可怕的是，不去比较成长空间与成长的行动，而去比较收入，比较偷懒，比较回报。

认真不是为了工作的结果，认真是工作的标准；创业激情不是创业的目的，创业激情是一种人生态度。很多人具有创业的能力，但是有不断保持的激情吗？有面对困难的心态吗？

2. 开始为钱工作，忘掉了创业的梦想。

经常见到一些人小有成功以后，开始为钱工作，失去了成就与自我实现，更没有创新意识，做任何事开始计较钱，慢慢开始为钱打工了。

为钱打工的人，是不会多付出一点的，因为他所有的原动力已经被钱煮透，工作不再有快乐。为物质的丰富而工作的人，充满了能量的消耗，无法忘我地投入，变成了一个自我的工具。

我们要经常回忆那些为理想工作的日子，为不至于迷失自己。失去了目标，行动不再。

3. 关闭内心，扔掉精神。

创业成功，得益于创业时的优良精神，包括最可贵的开放、信任、付出、实干。

然而，一些管理者经过一段时间的奋斗，从最基层做起来后，开始犯“人未老，心已老”的毛病，学了很多“道”上的方法，拍马吹牛，自我欣赏。

不再与上级沟通，不再训练下级，其实他不知道，一旦平台出现问题，他会马上失去重大机会。重大机会对一个人来说是十年难遇的，人生有几个十年？

回到最佳的工作状态，就是开放，对上沟通，对下训练，对我成长！选择相信，因为梦想需要；选择实干，因为持续价值；选择付出，因为“百安源于受委屈，万福基于能吃亏”。

4. 新形势下没有新方案。

在新形势下，你还活在过去，不是因为你不优秀而失败，而是有人更优秀。所以，学会试错，不断为客户创造价值，这样才会设计出最新的方案，才会与客户持续地合作。

我不能迁就以上四个坏习惯，否则我会进入下行曲线。所以，我决定：

- 对我的创业激情负责。
- 帮助企业建立管理系统的梦想再上升一个高度。
- 重塑管理者自信、实干的精神。
- 升级企业，打造全新方案。

敢决策，是人生重要的一步

我经常有“特别”的感受:无力感，怕决策，认为自己选择错了;无助寂寞，害怕并且疲倦，甚至想放弃，逃到一个无人知晓的地方。发怒源于没有办法，无力源于没有成长。

当我有这些感受时，会让自己休息，静下心观察成功的人，他们为何如此自信。

后来我发现，是因为我恐惧失败才造成这些感受。成功的人，他们虽然也有过失败，但是他们明白，失败是人生的一部分，也是成功过程中的一个必然。失败为成功提供了更丰富的经验、更多的理论支持与可行路径。所以，有时有些事，明明知道可能会是失败的结果，也需要去经历。

成功的过程中，有一段本身就是挫折与失败。

终于发现了疲倦的原因，于是短暂休息以后，我又充满了力量，再次踏上理想的大道，只要能远远地看到太阳，我依然坚持行走。

不再管别人如何评价，我慢慢变得专注，慢慢变得有节奏，渐渐学会与别人共赢。当然，急躁的部分须变少，任何事情，除去激情与自信，我更会去推理与了解内在的规律。

这样，我变得敢决策了。

敢决策，是人生重要的一步。

学会自己给自己力量。大部分人都堵在道路上，山峰上大家都有自己的节奏，没有人会停下来安慰别人。

所以，我虽然经常有无力感，但每次都会再力量满满。

自我调养，就是竞争力！

CHAPTER

第六章

跨越

如果今天新生

如果你慢了，那么你死了
如果你内愚，那么你必外耻
你是榜样，所有人都是英雄
你好了，世界就好了

酒的好在于酒会沉淀
花的好在于花能孕育
男人的好在于强大
女人的好在于贤淑

你知道优秀的前面是卓著
更知道良好的前面是伟大
你的前面有一个个背影
这些背影前面是信念

有奋斗的白天，另有奋斗的黑夜
亦可以利他中互生
波浪掀起一次次海的高潮
你践行新生的尊严

做到这 20 条，你不会是穷人

1. 直面缺点，追赶强者。

2. 没有理由地勤奋。

3. 永远不贪图便宜。

4. 读书，并反复应用，敢于试错。

5. 研究机制，授权他人。

6. 对待合作伙伴如亲人。

7. 忘记怨恨，没有心锁。

8. 消费节俭，放下面子。

9. 忠言逆耳照我心。

10. 不因违法失去自由。

11. 没有情感纠纷。

12. 有“一定要”的精神，远离“不得不”的性格。

13. 立足当下专业。

14. 讲卫生，高素质。

15. 坚信合作，不做独行侠。

16. 不乱承诺，必应承诺。

17. 没有关键能力的缺失。

18. 让钱成为人的奴隶，而不是人成为钱的奴隶。

19. 时局有利，永不过气。

20. 立志并实践自己存在的价值。

富足其实很简单，这 20 条法则是我与一些富豪沟通时总结出来的，你做到了吗？

浅谈格局

格局就是人生创造的空间，格局大的人，空间也就变得很大。

有格局的人，在这三个方面做得很好：承担起更大的责任，具有更好的能力，具有更快的成长性。

南非前总统曼德拉曾说过：如果我从监狱里出来，还怀有仇恨，那么我其实还是从未走出监狱。

格局，也就是我们常说的胸怀与视野集大成的思维体现。有格局的人，才能与高格局的人成为朋友，并且是相互支持的朋友；为一点小利计较的人，是气小的人；没有忘记过去仇恨的人，是不可能成为有格局的人的。

生命如同一条公路，我们有时宁愿停下来，将自己这部车好好保养与维修，也不能带着问题上路。否则，有一天，我们飞一般地前进，没有办法控制胜的速度，也一样不能控制败的速度。一个人，最大的问题是没有办法管理失败，让失败来得突然，并且不知所措，无法驾驭。

格局高的人才能整合格局低的人。当一个格局低的人去整合一个格局高的人时，很有可能会被别人整合了。

一个团队中，格局高的人具有三个特征：帮助员工、授权、相信伙伴。帮助员工，用心培养员工，并使其成长，是企业做大的基础。很多人不愿让员工成长，害怕员工成长。其实，员工成长是挡不住的，如果你不帮助员工成长，员工会丢下你，自己发展。授权，就是相信员工，让他们做管理者，不要处处管死员工，而要发挥他们的作用。相信伙伴，才能换来伙伴的真正回报。

有格局的人，目光更远，会与高手合作，会给别人让路，能整合更有利的资源。有格局的人，一定是掌握局势的人，在整个大局里面，做一个真正的主导者。有格局的主导者，才会帮助别人，施惠于民。

发现内在的快乐，就是减少外在的快乐；减少外在的快乐，就是减少失败的机会。

用内在的快乐去做事，首先让自己活出生命之彩，然后，光照别人。

想做有格局的人，一定要学会对位。比如：你想做拥有十亿元财产的老板，那你一定找一个拥有十亿元财产的老板看看，你们之间是不是有差距；你想做一个优秀的老师，那你一定找一个优秀的老师对位，看看你们之间是不是有差距；你想有一个美好的家庭，那你要看看与优秀家庭的成员相比，你还差什么。

对位，可以提高格局。有格局的人，才能用高标准来要求自己，相信自己能给别人带来恩惠。

钱是上帝送给干大事的人的最好工具

当你没有钱时，一定要想一想，你真的能做好一件对社会、对别人、对家庭有帮助的事吗？

因为做这件事，很可能受累、受苦、受委屈。

如果你没有做好这个思想准备，那上帝也没有做好准备。

钱是上帝送给干大事的人的最好工具。因为钱本身就是幸福力的第一要素。钱是实现梦想、帮助社会的前提。你想产生价值，那你得收集钱。所以，你必须爱你的客户，客户才会热情地把钱送到你的手中。

而此时，你需要做两件事：感恩你的客户，你花了客户的钱，要为客户提供价值；把钱用到真正有价值的地方，千万别把钱浪费了。

有的人一有钱，就开始享受，认为人生苦短，不如享受。其实上帝有时候也会看错人，他很快就会明白过来，然后无情地把钱收回。

如果你把钱给浪费了，那也必须付出代价。狂喝酒的人，有可能死于肝癌；狂抽烟的人，很可能造成呼吸困难；有的人妻子离散，有的人斗志全无，于是一生在悲凉中度过。

每个人都想要钱，但大部分人没有驾驭钱的能力与心智。

钱对于胜任的人来说，是迈向实现价值的基石；钱对于无能的人来说，是走向灭亡的导火索。

所以，当我们有一点钱时，不要全部用于享受，好好规划一下人生吧！

企业家管理的五个级别

1. 公平任命。

创造公平公正的任命，不再以感情为导向，是管理的第一级。达一级者，可以组建团队，产生业绩，否则只能自己当苦力。

2. 内部营销。

把自己的思想与愿景卖给员工，是管理的第二级。达二级者，可以让团队有高绩效，产生高业绩。

3. 系统管理。

做事有流程、有制度，没有特殊情况，是管理的第三级。达三级者，可以复制团队，解放老板。

4. 专家训练。

了解行业，懂产品，创造高业绩，并训练员工为胜任者，不停制造人才，是管理的第四级。达四级者，公司大而强，功成名就。

5. 文化影响。

通过文章传播文化，让员工思想与价值观高度统一，是管理的第五级。达五级者，深入人心，久久不能忘怀。

人越多，越需要管理升级。长松咨询为你的系统管理力提升而努力。

企业家轻松法则

1. 不要为满足一个人的利益而牺牲大家的利益，所以不要考虑哪个人的因素而让公司受影响。

2. 享受企业经营过程，所有挣到大钱的人，都是熬出来的。挣钱的法则是：一步，一步。

3. 企业不能做到自循环，项目就不能投；不能基于企业家本人的精力投入而挣钱，这样企业家只能拿命换钱。

4. 站在员工的立场考虑问题，这样团队才会建设得更强。

5. 拉长创业期，用 50 年的心态去经营企业，而不是为了 5 年上市。

6. 不要受别人影响去投资或参股，搞得自己没有时间。

7. 运动，注意健康。

8. 关注家庭，回归家庭。

9. 不要让亲人过分参与经营，不能让太多无聊的关系导致精力浪费。

10. 通过分配利益，让别人投入管理。

知晓通达

上有庙堂之高

下有江湖之远

艺是立身之本
非有诚心而不达

没有透之前，不宜浮
没有精之时，不宜散
挣钱前挣心
安国时安人

没有敬畏，就没有专业。千百年来，一个家庭里，一定要有有手艺之人，这个家才有延续的价值。不管走向世界的哪个角落，专业的手艺创造了存在的价值。一生学习，不断追求，敬畏之心不可无。

一生学艺，不能丢。世界在变迁，任何靠机会挣钱的人，都会苍白地面对考验。任何环境中都能生存的人，一定是在背后付出了很多努力的人。

不能端着面子。审视自己，观世界，然后，知晓通达的方法！

学习《道德经》所得三则

春秋时期，周王室内乱，各诸侯展开权力争夺。老子对周王室失望透顶，决定西行。传说老子西行函谷关，关令尹喜看见一团紫气从东方飘来，而老子乘青牛而过。尹喜款待老子，请他著书，老子推辞不掉，于是写下五千言，称为《老子》或《道德经》。道，道路，就是事物发展的规律性。德，是创生万物品德，是处世方略，人的进退之术。返璞归真是《道德经》的追求。

一

能说出来的道理，不是永恒的道理；能表达出来的概念，不是永恒的概念。所以，总结出来的经验很多时候会过时。世界上有美有丑，有善有恶，坏人有时候会有好的一面，好人有时候也会有坏的一面，不要对人做绝对的评价。

老子强调无为而治，并不是消极的无所作为，而是不违反客观规律的行为。提醒人们在做事情时不要勉强妄为，而要顺应自然。伟大的人做事情不居功自傲，功绩才不会消失；领导者不经常发号施令，员工才会成长。

企业管理要定好规则，不要干涉员工的创新，企业才会得到发展。领导者要以身作则、无私无欲，引导员工正确追求名利，使其返璞归真，实现和平发展的理想。

二

管理者不崇拜英雄，就可以避免争名夺利；不重视难得的财宝，就可以让员工不做盗贼；不炫耀欲望的东西，就可以让员工内心平静。管理者管理企业，应该让员工内心质朴，让他们吃饱饭、让他们穿好衣、让他们有前景、让他们知道什么叫长久发展。

所以，企业家没有偏爱，平等地对待每一个员工，他们才会拼命发展；企业家没有偏爱，平等地对待每一个客户，客户才会忠诚。小企业用术，大企业用道，大道至简，无穷无尽！企业家要把自己摆到后面，不要让大家把你当神看待，反而会得到更多人的拥护，从而成就自己。

三

上善若水，最善良的品质接近水的品质，最有修养的人像水一样，泽被万物而不争名利。学会低调，学会像水一样适应环境。

守信用，结交善良的人。贪得无厌、锋芒毕露、盛气凌人的行为，会招来祸患，以致身败名裂。所以要懂得适可而止、功成身退的道理，符合自然运行的规律。一个人懂得功成身退，才会顺应自然，做到无知无欲，才能平安，才能避免祸害。

老子认为，如果过度沉迷于物欲之中，将会使人玩物丧志、颓废堕落。只有注重内心的修养，追求精神生活带来的愉悦，才会达到平衡，才能感悟人生的真谛。

人生平安六字真言：道歉、散财、示弱

凡事不管有没有错误，当引起别人的误解或让别人生气时，其实只需要说一声“我错了”，对方基本都会心态平和，不再有极端的想法。

对家人、对员工、对朋友，学会散财吃亏。其实很多时候沟通的障碍与成本，都是钱惹出来的祸。敢分钱的公司做得大，敢让钱的家庭最幸福，敢散财的人最平安。

示弱，就是不争强、不露强。在工作和生活中，可以做英雄与榜样，但也要学会低头，学会示弱。

以上六字真言，可以化解无数风险，让一个人、一个家庭，一生平安。

能吃亏，能受委屈，才是王道

经营企业理念很重要，是为了获利，还是为了提供价值？有的企业，为获利可以不择手段，这是走不了多远的，而提供价值则能实现双赢。

一个企业死亡，往往不是被竞争对手打死，而是有以下三个原因。

1. 内部分裂，分裂往往会造成死亡。

2. 没有给客户提供超过价格的价值。

3. 没有自我创新，而别人却在不停前行。

只为赚钱的人，别人跟着你没有安全感。能吃亏，能受委屈，才是王道，企业的印象管理很重要。

行业赚钱的方法，不一定是最好的方法。现在有很多的方法是很赚钱，但并不是基于人性与客户的价值，那是长久的方法吗？

所以，为客户提供服务，为客户着想，然后实现企业的价值，才是最好的出路。

生死有数

打高尔夫球与经营企业有一些共同的特征。

1. 都要放松。

2. 都得规划好。

3. 心态很多时候决定成绩。

4. 节奏很重要。

5. 不管结果如何，做一个有素质的绅士。

6. 让自己当自己的裁判。

我的高尔夫球教练，教了我一个对于生命最为重要的人生哲学："这场球打得好不好并不重要，重要的是，你得知道，你打得好的原因是什么，打不好的原因是什么。"当时，我的高尔夫球成绩是 95 杆左右。当我明白这句话的意思之后，我的成绩提升了 10 杆，甚至也有过 70 多杆的成绩。

我的高尔夫球教练还说，打高尔夫球从下场开始就面临一件事情，就是每一个球都可能是问题球，不是地不平，就是距离有问题，或是有视觉差。所以，在练习场练习得再好的人，到了球场，如果不了解问题球的处理，一定不会有好的成绩。

高尔夫球共有 21 种基本问题：发球 7 种、球道 7 种、果岭周边 7 种。只有会处理这 21 种问题球，才会真正打好高尔夫球。当然，就算我们没有足够的练习时间，也应明白：我打不好的原因是什么，我打得好的原因是什么。

教练对我说，打高尔夫球其实就是三个过程：明白自己在哪些方面做得很好，哪些方面还可以改善；把擅长的杆打好，把不擅长的杆保守处理；把擅长的发挥好，苦练不擅长的，把不擅长的变成擅长的。很多人其实根本没有做到第一条。

生死有数。做企业也是这样，很多企业家，根本就不知道自己做企业成功在哪儿，失败在哪儿。由于不明白失败点与成功点，就错误地评估了战略，结果往往会做出错误的投资。

人生也有三个阶段。第一，知道自己的成功在哪里，自己的不足在哪里，平常做错了什么，做对了什么。绝对不可以欺骗自己，学习不是学给别人的，创业更不是创给面子的。第二，知道自己的长处，避开自己短处。在短处上面，让战略战胜情感，让资源进行补充，不要以喜好来用人，而要看到人的价值。哪怕有些资源不是我们喜欢的，但如果能改善我们的短板，我们一样可以共处。第三，发挥长处，通过学习把短处变成长处。

企业家的使命是规避问题，而不是每天重复解决问题。企业共有 21 个核心问题需要处理。

创业期有 7 个:尖刀产品、机制、业务结果、利润、平台、定位、财务投资。

发展期有 7 个：系统产品、人才效率、品牌、成熟度、文化、分配、领导人格局。

扩张期有 7 个：股权、财务风险、信仰、资本、领先性、企业管控、客户距离。

创业期的工作核心是现金流，不管是产品还是人才，其实都不需要太多，而要具有进攻性，具有收到现金的能力。创业期真正要学习的是行业内的优秀企业，因为它们走完的进程，正是我们要体验的。

发展期的核心是系统建设，在这个时期，人才、文化、产品等都会影响企业的发展，而老板的知识体系会成为第一个障碍。如果老板在这个时期不改变，那老板就成了企业的第一阻力。

扩张期的核心是人才，没有复制人才的能力，没有培训，当然就不能整合到更好的资本力，那企业就会退回到发展期或创业期。

企业家如果在问题没有发生前，就看到了问题，并有了解决的方案，这样可以少付出很多。

很多企业正在走弯路，就是因为不了解当下的问题，还在执着于当下的经验。

生死有数，虽然企业的 21 个问题不一定代表企业的所有情况，也不一定非得是哪个时期的，但企业家在反复学习的过程中，会明白自己哪些地方做得好，哪些地方做得不好。这样，企业家不会在彷徨中度过，会找到真正的幸福力。

自我超越不容苟且马虎

吞舟之鲸，不行支流；

穿铁之风，不路溪谷。

自我超越不容苟且马虎，梦想实现不屑空谈望天。抬起头，星空里什么也没有，只有低下头，才看得到自己的脚。

你认为我拼命干活是为享受吗？错了，我每一分钟都在享受，这是我生命的定位！

前些天，我拿着相机，一个商业圈一个商业圈地看，我的目标是：用3个月的时间，在世界500强的企业里，考察30家，了解它们的发展机理，看懂它们的规划战略，了解它们的商业模式。

很长一段时间，我都在思考：一个公司，拥有几十家子公司，近2000人，且在行业中有一定的业绩了，以后应该如何走？于是我请教了很多人，包括很多在行业中做到第一集团的人。我发现，没有现成的方法可以学习。第一名与第十名，打法基本一致，人才素质基本相等，主要是看谁的速度更快，谁的资本更强。

于是，很多时候，我们选择了物理相加的扩张，急于做到第一，结果由于系统不健全，制度不合理，人才素质不达标，出现了问题，拉大了理想与现实之间的差距；过分地给员工宣传梦想，员工的收入已高于自己的能力，但其野心持续增大，学习力又不强……于是，结局就是分裂。

中国很多行业的发展，在中国已经找不到答案，因为太多的第一名，本质上仍然没有竞争力。它们发展到最后，很多都会被国企或外企收购。这说明，我们再也不能停留在“中国第一”的思维层面，再也不能把做成中国最挣钱的行业老大当成使命，而应把眼光放长远点，以谋求更大的发展。

世界500强中的外国企业特质。

1. 违法成本很高，能多走几十年，所以不去投机追求量。

2. 不但会在高潮期生活，也会在低潮期发展。

3. 专注，并因专注而享受快乐。

4. 挣钱不是企业的核心动机，价值传播才是。

5. 靠的就是竞争力，而不是成本控制。

6. 经理人的地位、职业化、发言权很重要。

7. 动机不是源自仇恨与贫穷，而是源自对美好生活的追求。

8. 客户导向，了解客户的需求，专业化。

9. 创新，基于未来。

10. 把科研看得很重要。

所以，要想做好企业，必须做一个国际人。优秀企业操盘手都是具有国际思维的。

成长本身就有两种：一种是复制榜样，一种是自我超越。

世界500强企业的经理人也有一些特质。

1. 很少有时间研究奢侈品。

2. 梦想不大，读书不少。

3. 不谈使命谈价值。

4. 不愿做大而全的人才。

5. 规划在卓越团队的角色，做到分工的高度。

6. 守法，守信。

7. 把家庭当成成功的核心。

8. 有节奏。

9. 空间思维能力强。

10. 综合素质高。

中国的企业与企业家最容易出现的问题是分心，就是关心的话题太多。硅谷的很多企业根本不关心房产，它们的办公室是租的;不关心跨行业的事，把所有的精力放在自己的产业上。这样的公司，就是国际化的公司，这些企业家享受着创业的快乐，专注于自己的产业，把产业做到极致，做到完美，从而实现自我超越。

这种竞争力是我们无法比的，不是我们没有制度，也不是我们没有分钱的格局，而是我们的心不静，员工做工作时想着创业，企业家做事业时想着产业，一个连财务都不规范的企业想着上市捞钱……我们的核心竞争力、产业高度在哪里？

企业的自我超越叫产业高度。迪士尼胜过很多娱乐企业，是因为有产业高度；波音公司领导全球航空航天业公司，更是靠的产业高度。专注的成长与学习才有价值，什么都涉猎，反而降低了竞争力。

作为从事企业管理的工作者，最不能做的就是走旁门左道，行不归之路，挣不义之财。我们身边的诱惑太多，不规则方法太多，我们会自我欺骗，比如偷工减料，比如降低工资；我们更会把这些自己的不规范，推给市场、行业、国家，说大家都这样做，然后让自己没有内疚感。这样挣到钱后，自己的心性与肉体都受到了污染，长此以往，不再对任何事情有敬畏，这样，就算学习了再多的管理知识，起心动念也发生了本质的变化。因此，我们要能够自我管控，不断学习，在起心动念上不断成长。

一个朋友说：当一个人不再关注体重、健康，不再关注自己的学习、成长，不再关注自己的形象，不再关注自己的时间，不再关注自己的知识体系，就是“得癌症”的前兆！

所以，自我超越不得苟且马虎。

不要用价值衡量你的朋友

朋友，不是基于价值，而是缘分，因为每个人都有弱小之时。价值是相对的，朋友是永远的，用价值看朋友，那朋友是暂时的，只是基于财富而租来的。

结交的朋友，要用心维护。

有人说，父母是我们的朋友，对于刚出生的孩子来说，他们的价值最大，但随着岁数变大，他们的价值慢慢降低，这时候就需要我们去养他们了。

有人说，同学这类朋友，大多不是因为相互的功利性，而是快乐性存在的。是的，有些同学能成为一生的密友，是因为缘分，这是人的第六感的选择。

有人说，商场里没有朋友，有的只是商业合作。如果有人在商场里把你当成朋友，那他一定不是单单为了商业，还有他的信任或缘分的关系。这不但对商业是一种推进，也让商业变成了一种享受。如果用价值去评价与一个人的关系，那这种关系不可能牢固。这也是为什么现在有很多家庭分离、合作散伙的原因。

在你最强时，必须为你不强时经营。这种经营不但包括金钱的经营，还包括关系的经营，这种关系超出利润的追求。当然，有一群人，不管你是否有钱，不管你是否身居高位，都会爱着你、帮助着你。

世界上有两种人最累，一种是100%利他，全然不顾自己的感受，全部为别人付出。这样，让他付出的人越来越多，并且这也会让别人养成获得他帮助的习惯，有一天他不再付出，那他就成了大坏蛋。另一种就是自私的人，把情感放到一边，功利地为自己考虑，为了自己的利益，不管别人的投资成本，不站在对方的立场去评估，做任何工作都在算计自己的回报。这样的人，本质上是对生命有恐惧，怕未来的孤独，怕世界是不可靠的，觉得只有先得到，才有安全感。

无限得到，永不满足，最后只剩下无尽的抱怨。

不管是只照顾别人的人，还是只为自己的人，这些人的累是常人无法想象的。每天睡觉前想的问题全是别人，一个是如何帮助人，一个是如何从别人身上得到物质，全然不知自己的肉体已经疲惫，需要休息，想一想都让人觉得可怕。

我们一定要远离功利、势利的人，不是说这些人都会害我们，这些人会让我们的日子不舒服。他们都在表演，有的人演给别人看，有的人演给自己看。我真心喜欢人幸福，有些原则一直在指导着我。

1. 看清别人的动机，会更容易了解别人说话背后的意义。

2. 与人交往的原则是吃亏是福，但我不会与所有人交往。

3. 对功利的人的态度是努力度化，然后远之。

4. 不喜欢接受别人的施舍，因为很多施舍有功利性。

5. 有一些人，必须帮助他重新拥有“帮助”的心态，而不是只有“索取”的心态。

6. 不管别人是弱者还是强者，他如果是善者，就有接触的唯一标准。

7. 直接讲出来，只要是出于指导。

8. 60% 对别人好，40% 对自己好。

9. 教育内在大于外部物质的施舍。

10. 远离恶人，不如教练恶人。

不要认为所有人对你的好都是无偿的，要冷静地想明白，哪些人在你最惨时还会对你好。如果一个人不是因为功利对你好，那不管什么时候，他都会把心留给你。这样的人，值得你去追求。

无序经营中坚持价值经营

越是无序经营之际，越要坚持价值经营。

越是恶性竞争之时，越要担当责任。

当客户的消费需求越来越理性时，谁能激发客户的斗志，谁就能赢得其芳心。

只有敢于否定自我，把过去的荣誉扔在一边，带着新的价值上路，在路上才能听到胜利的歌声。

能够生存的企业都有存在的价值，这个价值就是在危机中反思，在危机中团结团队，放下眼前的利益而投入创新。

在十字路口，选择打碎自己，并且时刻不能忘记，无论位子在哪儿，不要忽略你对客户的服务。客户的需求其实很简单，就是投资—消费—增值服务这三个环节模式，企业既要关注客户，也要认清自我，才能持续发展。

无序经营就在当下，而满足客户需求也是当下。

所以，活在当下就要把利润放在第二位，把成熟的服务放在第一位。

开始吧！

实体机会，送你面前

有位企业家问我："贾老师，现在投资什么最赚钱？"

我说："投资共分为五类：机会投资、资源投资、价值投资、孵化投资、上市前投资，但是最赚钱的投资，还是自己去经营企业。"

为什么很多人不愿意自己经营企业，而愿意投资别人呢？

经营企业的公式为：利润 = 投资 + 企业知识体系 + 管理系统 + 资源。而投资其他人，只需要投资。很多人不愿意自己经营企业，是对自己没有信心。因为知识体系的更新，管理系统的建立与资源的整合，是需要自我努力成长的。

美国金融市场长时间的低潮说明，虚拟经济不是谁都可以玩的。没有专业的知识，只是靠放利息贷款的模式，必然使一些做了十几年的企业老板一心钻到投资里，在将现金提现前，亏损得血本无归。因为很多老板不愿意升级自己的知识体系，不愿意再像当年那样吃苦，而只想靠资本获利，这样危害非常大。

1. 很容易把机会投资与投机投资搞混。

2. 很容易把投资公司与放贷公司搞混。

3. 失去了实体经营的能力。

4. 无法树立实体经营的榜样，对后代的影响非常大，后代也会学习放贷模式。

5. 由于股东合作，在钱上信任力不够，很容易造成收入不透明而相互攻击。

6. 因为没有专业知识，造成投资失误，从而血本无归。

7. 违法投资，比如因为一些高利润的项目，进行暗箱操作。

请一定要记住：一些客户无法通过银行融到资，那他的项目本身就是存在很大风险的。他宁愿借高利贷，说明他本身就具有很强的赌博性的，这种风险谁都不知道何时会失控，最后只有投资人承担责任。而投资人的钱，也都是当年流血流汗挣来的。

而开实体公司（包括服务业与实体金融业），是一个不断地自我挑战与学习的过程，也是实实在在为客户提供价值的过程。

所以，如果你认为你累了，那是因为你的理想太大，大得让你失去快乐。为什么不重新学习管理系统，相信看不见的变化，坚持实体经营？因为大部分人都跑去放贷了。机会，自然会送到你面前。

PART

第三篇

教练团队

开篇语：当你的风吹过

如果吹来一阵风，风里带来种子
即使风吹过，种子也会留下
多年以后，我内心是暖暖草原

如果吹来一阵风，风里带着沙子
即使风吹过，沙粒却能留下
我的世界很快是满满沙漠

把我的草原清掉，只要有几粒种子
我的信仰仍是绿色
把我的沙漠吹干
仍会留下沙粒待在黑暗角落

我多么想告诉你

我的频道也需要吹来你的一阵风

可以拂去无痕

当然我最渴望

播撒懂我的种粒

CHAPTER

第七章

战略规划

企业战略应紧跟国家战略

吉利集团收购沃尔沃，让吉利集团的品牌价值大幅度提升。吉利集团顺应了国家的战略，做了企业的事，收购既是市场行为，也体现了企业战略的格局。

天猫在 2013 年 11 月 11 日“光棍节”，突破了 350 亿元的销售额。很多商贸企业要用 300 年才能达到的业绩，天猫只用一天就完成了。网上购物为商家节省了大量的费用，把房租的成本与人工的成本降至最低，中国需要一家这样为商家提供服务的公司，所以，阿里巴巴得到了国家高层领导的重视。

一个企业如何为精英经理人创造一年 1 亿元的收入？这个企业的第一要务就是建立企业的新战略，让企业战略跟紧国家战略。

顺势而为，是中国古代智慧，今天依然有用。逆势的项目，不但投入的大量精力没有结果，还会耗尽财力与青春。

20 世纪 80 年代，你做贸易，会有赚钱机会;20 世纪 90 年代，你做工厂，能发家；21 世纪伊始，你搞房产，肯定有大机会；21 世纪初，你从事金融，才有机会；21 世纪 20 年代，是资本与互联网的天下，更是生物技术与智能机器的时代。

全球的趋势势不可挡，国家在努力适应全球的趋势。全球的资源重新分配，新能源、新技术广泛应用。中国需要企业家站出来，做真正有意义的事情，而不是炒作、包装的事情。总有一些人，在经营企业的同时顺应了国家战略，那国家自然会调动全国的消费者，来助力你的企业。

如果你还在高耗能上做文章，偷偷排放，迟早会出事；如果你还在纳税上动心思，那也会影响企业发展。真正的企业，不是思考企业赚钱的唯一性问题，而是要思考企业真正的价值在哪里。只有找到企业的价值，大家才会有真正的动力。

长松咨询今天做了一点事情，并不是因为我们的产品有多好，我们做的只是最基础的民营企业产品。但民营企业成长已经是国家的战略了，中国民营企业不升级，会极大地影响国家的经济质量。中国的制造业、科技业、教育业、互联网业及金融业，都需要全方位地提升，以拉近与世界先进企业的距离。

中国民营企业的战略定位，应厘清这个重要因素。**如果你是为科技、为国民生存、为健康、为经济发展等起心动念而设立企业，那你的企业就有戏**。如果你还处在被淘汰的产业里，即使死死挣扎，也无济于事。

世界级的企业，其实都顺应了国家的战略。三星的收入占韩国国民经济的22%，是因为韩国国土小，人口少，必须发展这样的企业；美国有谷歌、微软，是因为美国的经济是领先经济，像波音、通用，像斯坦福、哈佛，也只能成就于这样的环境里；日本的服装业、食品业、瓷器业、美容业、教育业都发展得很好，是因为日本专注于经济的振兴；德国的战略是精密，所以大众与宝马车，生长于德国。

中国的目标是成为卓著的国家。中国不但需要茶叶，需要陶瓷，更需要全产业链的国民经济。所以，我们的企业一定要好好策划，做好自己的定位，这样才能发挥出上百年的战略价值。

如果企业战略符合国家战略，那企业就旺盛；如果企业战略背离国家战略，无论如何做，只能浪费时间与金钱。

战略制定五步法

企业战略制定有很多模型，最简单有效、对民营企业最有用的一个模型是战略五步法。

第一步，确定你的商业模式。

商业模式的确定不是靠一个机会，也不是靠认识了哪些人。简单来说，商业模式是不依靠老板的关系或不确定的机遇的赚钱模式，需要有销售的流程和产品的利润差。近期，国际化、网络化、平台化及科技化是商业模式研究的主题。其实，所有的赚钱方式都是利用信息差，比如技术、消息、政策等方面的信息差。只有好的商业模式，才会成就好的企业。

小提示：老板不要乱投资，跨度大、没有商业模式，会把积蓄耗光。

第二步，确定你的定位。

定位就是给自己确定经营的界限，当然也给客户确定清晰的印象。界定自我的经营界限，能形成尖刀优势，从而给客户留下印象，节省大量的营销成本。所以，定位就是做减法。很多人什么都想做，不肯放弃一些功能，结果难以给客户留下印象，这就是定位错误了。

小提示：老板不要受行业内的不好行为影响，成为只会赚钱的工具，淹没在人群之中。

第三步，确定能力资源。

当定位印象确定后就必须明白，要想实现战略，我们有哪些优势，没有哪些优势，到哪里找到优势，还有，我们能否拥有这些优势。

小提示：不要从事你不专业的行业，因为那样很难整合资源。

第四步，确定你的战略实现步骤。

罗马不是一天建成的，所以战略也不是一天实现的。战略是要经过几个过程实现的：优化本行业，创新经营，达成印象管理，实现战略。先从生存下手，优化行业，不受影响，然后开展创新经营。专注于你的印象管理，才能做到事半功倍的效果。

小提示：不要用非正常、投机的做法来实现你的战略，当然也不能以损失家庭幸福为代价来实现你的战略。

第五步，确定目标责任书。

也就是步骤确定后，要与相关人员签订目标责任书，内容包括目标、指标与考核的办法，当然还有机制与分配。

小提示：只有与人共赢的人，才会实现自我的梦想。

战略需要新知识体系来实现

企业老板有两件事情：战略制定与战略实现。

现在，大多数老板还在采用老的知识体系，对新的社会、新的商业模式适应能力有限。所以，靠机遇发展的企业，再不进行知识体系的更新，就无法产生新的竞争力。

老的知识体系中，有大客户营销、亲人管理、陈旧的产品，老板们会亲力亲为；而新的知识体系中，有数据化分析、战略思考能力、信息化管理、系统化管理、网络管理及国际化，新知识体系是新竞争力的源头。

企业老板对网络不敏感、对国际化有恐惧、对信息化没兴趣、对集团化产业链没信心，当然，自己也不愿改变，这很可怕。

如果老板有格局，就要敢于面对新知识体系、打造团队，因为企业升级包括企业老板的升级与团队的升级。

团队升级共有五步：清晰制定战略、进程管理与机制的制定、吸引人才、训练、战略实现。

规划事业是需要团队来完成的，如何组建专业的技术型团队及对一批管理教练进行管理，是企业老板当下需要完成的事情。我们发现，只制定战略的人，往往是普通人；能实施进程管理与制定机制的人，却能成为千万富翁；而能吸引人并且训练人的人，往往是亿万富翁级的人物。

所以看一个人，不要看他的野心，而要看他为野心做了哪些工作。

长松咨询旗下的长建学院，其使命就是帮助企业打造团队。这需要“理论体系”“自我践行”“教练培养”“情景训练”四个最有效的方法，使中国的企业在国际化道路上不被团队拖后腿。

充分利用你的幸运

人生最大的败笔是，把自己的幸运当成玩具给弄丢了。

“幸运”二字，意味着因为环境，或因为信息，当然也因为家庭、地理及成长的经历，而各自不同。

一次幸运，你会捡到一笔钱，几次幸运，你会发财。

企业家与其他所谓的精英的区别就是，企业家会把一次幸运当成人生的出发点，而不是享受幸运。

每个人的人生都会有幸运降临，而忽略幸运与享受幸运的人，结局比不幸运时还悲惨。

作为企业家，如果你现在战略不清、压力很大，一定是你的战略循环八因素错乱。这八因素是：

1. 幸运。
2. 无知。
3. 扩张。
4. 老、病、死。
5. 傻、懒、贪。
6. 传播。
7. 产品、标准、人才。
8. 解放。

以上的八因素是有顺序的，当然，从幸运到解放，需要经历无数次苦难。

我们必须理解下面的战略循环。

1. 我们幸运地成了老板。

2. 因为幸运，我们失去很多学习的时间，所以我们其实比专业人员更无知。

3. 因为幸运，我们有条件或有野心扩张。

4. 管理不好，我们的企业出现了老态、生病或走向死亡。

5. 产生问题的根本性原因是团队有这样三个特点：没有系统的傻、没有行动力的懒、没有节制没有平衡的贪。

6. 我们改变这一切的办法是，让正能量与好战略必须得到传播。

7. 传播的核心是将产品、企业标准、人才呈现在客户面前。

8. 这样，我们的战略才是真正地解放老板，系统托管。

我们来看看两个伟人的案例。

毛泽东是幸运的，因为他在北京大学当过图书管理员，有了全面了解中国历史的机会。数十年的战略循环，毛主席从来不需要别人激励，特别是在1933—1949年期间，没有条件，他也会创造条件工作。

幸运就是不断地增加影响力，让别人听到你说的话，如果你说的话因为你没有影响力而消失，你的幸运就会消失。

乔布斯更是幸运的，因为他知道自己的病情，他在知道自己的时间已经所剩无几的前提下，重新优化了自己的战略循环，在死之前完成了精灵般的世界传播。他把自己的定位从酋长改为精灵，他不能接纳不够完美的产品，在没有标准与美丽的环境中销售。他关键的三大成功是：创造创新产品、聚合最佳精英、完美体验平台。

这三大成功，本质上是幸运的升华，也就是产品、机制、人才的现实版与实践版。

这些案例告诉我们这些道理。

1. 不要浪费我们的幸运，而要珍惜它。

2. 幸运是我们走向更大幸运的基础。所有的成功都是无数个小成功汇聚起来的。

3. 充分利用我们的时间，因为世界流行的趋势谁都不知道，我们必须无限放大现在的机会。

4. 充分利用幸运的最好办法就是：从无知到先知，拼命学习。

5. 行动力、系统力、责任心三个词共同构建了新成功，但最为重要的是行动力。

6. 战略新定位就是把企业想象成一个人，客户最想看到你是什么样的人，你就变成什么样的人。

7. 动用一切资源，因为资源是有时效性的。

8. 幸运可以让一个人幸福，也可以让一个人更悲惨。

9. 新时代需要新人物，所以我们不能做老态龙钟的人。

10. 更大的幸运不是靠自己，而是靠团队。

目前我们最为重要的工作包括以下几个方面。

1. 为你的将来重新优化与定位，让你职业生涯更完美。

2. 学习，获得新技能。

3. 不断地找到能激活你的人，与他一起合作。

4. 改革，不断试错，并且有控制力。

5. 发动能发动的人参与到你的事业建设中来。

6. 放大格局，满足他们。

伟大战略管理的几个需要

1. 企业家应做到三点：聚合时间、聚合智慧、聚合预算。企业家只有聚合了社会资源的时间、智慧与预算，才能做出大事业。

2. 往死里做，要做就要做到极致，这样企业做不好也会心安，做好了就是幸福。

3. 企业家往往有一个非常重要的问题——恐惧失败。

4. 企业家应把企业的理想当成企业家自身的理想，这样才能合二为一。

5. “像”比“是”更重要，“像”更容易让别人认为是“是”，而“是”还需要一个过程。

6. 使企业优秀的最好办法是比竞争对手前进一步。

7. 有时“有效果的”比“有道理的”更重要，企业家应先做应该做的事，再做喜欢做的事。

8. 预见方能遇见，成长方能成功。心有理想，春暖花开。骄傲不能自满，得意不能忘形。积千德善也须少一怒，行万里路莫乱多一言。百安源于受委屈，万富只因能吃亏。幸福的三把钥匙：自我管控、不断学习、扩大格局。

9. 有节奏的赚钱、最佳的服务、算出来的目标，是企业发展的核心。

10. 大企业并不都比小企业有智慧，更多是它们比小企业少恐惧。

11. 筹是核心，筹的四个条件是：智库、系统、平台、财团。

12. 让客户做主，就是让客户参与企业的决策，让客户参与产品的设计。

13. 有国际化思维的人，会给人留下最好的印象。

14. 增加一项服务，就是一大进步。

专注你的行业

上帝给每一个人都安排了一条高速公路，你只要上了自己的高速公路，就应当飞速前行。

你之所以停滞不前：第一，你有一条高速公路，但你没有原动力，所以你白白地把机会给了别人；第二，你走错了路，走到了别人的路上，不但自己没有速度，还影响了别人的速度。

所以，专注自己的行业是最容易成功的。学会舍弃也是一种大智慧。

我在参观美国硅谷时，英特尔深深地震惊了我。英特尔拥有电脑及相关产业最核心的技术。它占有全球95%计算机芯片的市场，是世界级的品牌。这家公司做的芯片是14纳米级的，而中国国家级的芯片才65纳米，也就是说，英特尔可能领先世界其他任何一个国家芯片技术20年。

那么，英特尔用的是什么方法呢？它常常为别的公司做一个电脑模型，让它们去做电脑，然后采购它的芯片。这样就形成了它的销售基因、文化基因与研发基因。

英特尔有一个定律，那就是复杂的产品创新带来竞争力。

专注可以带来权威。权威是选择合作伙伴的第一指标。

权威带来的专业产生信任，从而聚合到全球的资源。专注而追求完美的公司可以持续发展，创造幸福的业绩。

当我们不专注于自己的行业时，我们挣的只是机会钱。当机会失去时，给我们带来的伤害很大，并且一个挣机会钱的公司，是没有太大的社会价值的。

所以，一个公司需要专注从而实现全球化，一个人也需要专注，从而成为专家人才。

专注是成功的前提。

牢记“战略四步”

很多时候，公司不是死于执行不强，而是死于业绩温床。我们总是执行过去的战略，别人带来了创新，这些创新使人应接不暇，不断地拉大了他与我们之间的距离，让我们一不小心就失去了机会。

所以，“战略四步”对企业生存非常重要。“战略四步”是：确认危机、盘查优势、优化战略、创新经营。

确认危机：不断地确认企业的危机，主要包括跨界竞争、科技优化、竞争对手成长及客户成长等方面。只要一不小心，企业就会有难以修正的危机，到那时，不管多大威望、多大能力，都无法做逆势而为的事情。

危机往往不易觉察，当然，有的企业老板醉心于已有的成绩，误判自己的能力，而不愿意发现危机，不愿意面对危机。一个战略家，首先要反复地确认危机。

盘查优势：不断地分析自身的优势、所能整合的资源，如何更好地适应新社会、新市场。客户不会热爱任何一个没有价值的企业，客户只会向往更能帮助他的企业。

企业老板的主要精力不是卖东西，也不是利用客情关系拉商机，而是盘查优势，或通过努力获得新优势。封建意识会让你拉亲情关系，小农意识会让你以短期利益为主，但在商业社会中，真正的优势是战略格局与系统管理的能力。

优化战略：引领企业发展，吻合客户需求，创新并扩大与竞争对手之间优势。所以，不断地改变，并把改变的战略实现，是企业家最想做到的。

创新经营：如果你的企业几年来没有发生变化，那你就等着人才统统创业或竞争对手打垮你。不管是微创新还是大胆创新，求变才能成为领航者。

“战略四步”是一个流程，战略也需要过程管理。

分享企业改革建议

改革的三个问题：方案做不出来、导入者能力弱、思想不统一。

改革三部曲：定主要方向、确立利益机制、选操盘手。

改革成功三条件：老板敢、公司坚、员工愿。

改革失败三原因：未证明能力先要利益、未开始行动先恐惧、未统一思想先内耗。

老板改革三技能：重用年轻人、路径要清晰、训练要跟上。

老板改革成功三法则：做透功课，学习理论；不怕失败，知道去哪；了解人才，起用愿做者。

如何制定企业年度战略目标

每到年底，很多企业便开始考虑和制定下一年度的战略目标。希望在现有行业深耕细作，结合大行业和社会背景制定年度目标，使员工清晰公司的发展方向以及为考核提供指标，你会吗？

长松咨询与你分享制定企业年度战略目标的思路。企业年度战略目标可以分为两大部分：利润指标、管理成熟度指标。

如果把两大指标进行细分，可以做以下考虑。

其中，利润指标包括：销售额、成本和市场开发。

销售额：如销售额、预收款、应收款、销售百分比、人均销售额等。

成本：如研发成本、原材料成本、生产成本、销售成本、公关成本、办公成本、税金成本及管理成本等。

市场开发：如市场分类指标，包括金标市场、蓝标市场、绿标市场、黄标市场；如市场考核指标，包括销售额及团队质量等。

其中，管理成熟度指标包括：产品研发、系统建设、人才培养。

产品研发：如产品调研、产品交付、产品趋势分析、产品标准化与著作权、产品升级等。

系统建设：如组织系统、营销系统、财务系统、战略系统等。

人才培养：如关键部门负责人培养、关键岗位人员培养等。

然后，根据上面提到的各个维度，分别设置相应的标准，即可初步形成公司的年度战略目标。

企业年度战略目标一定是围绕企业的发展方向，细化为具体的指标，并能够分解给每一位员工清晰的指标，这才是有效的战略目标。好的目标，具备激励性和经过努力后实现的可行性。

企业战略规划之目标设定

如果不能统一一个团队的世界观，那么一定要统一团队的目标。

企业战略目标达成需要的指标如下。

1. 销售额：到达公司账号上的现金总和。

2. 利润率（额）：所得税税前的总利润。

3. 产品销售百分比：各产品的销售额百分比或各产品销售目标。

4. 四级营销任务：将市场分为四级，为四级市场制定平衡目标。

5. 客户量 / 转介绍率：公司的客户累计总量，转介绍率为老客户向公司介绍新客户的百分比。

6. 预算成本与预算误差率：预算成本指与往年相比，预算控制在正负 2%、预算误差率低于 5%、公司毛利润率不低于 16%。

7. 运营费用：指公司日常经营所产生的运营开支总和。

8. 应收款：指公司已支付产品或合同期内未收到的销售额。

9. 新市场建立：指新开发市场的组织机构建立，并产生销售额。

10. 市场规划实现率：指完成目标的子公司数量及代理商数量，占总数量的比率。

11. 产品研发与事业部建立：指新产品研发。

12. 专利与标准化：年度申请的专利、著作权数、产品标准化档案数。

企业目标制定误区。

1. 只有销售额目标。

2. 只有部分部门有目标，而大部分部门无目标。

3. 只有负责人目标，没有全员目标。

4. 只有冲刺目标，没有保底目标与平衡目标。

5. 只有眼前利益目标，无管理成熟度目标。

加州大学伯克利分校“美国战略班”分享

（2014年1月8日上午，主题“全球创新大环境3.0”，史蒂文·韦伯教授主讲）

1. 要打破固有思维，脑海中固化的“加州湾地图”是企业创新的阻碍。

2. 企业家的成功，是因为不怕失败、不断试错，但应该清楚的是：成功距失败，仅一步之遥。

3. 创新需要聚合时间、聚合智库、聚合资本，一步步取得阶段性的进展。

4. 创新不仅是为了企业更好地盈利，更重要的，是为世界带来便利。

5. 竞争本身无法带来真正的创新，当一个组织越来越大的时候，人们越来越害怕的是与众不同。

6. 具备创新特质的企业家，必须能敏锐地把握市场需求，并对其有自己独到的见解，才能抓住机会。

7. 那些项目聚焦在技术层面的创业者，往往不会引起VC（风险投资）的兴趣；只有首先谈到市场存在的需求及问题，并有相应解决方案时，才能打动VC。

8. 对美元、美国国债、人民币、欧元、石油、金条的选择表明：无论任何国家、任何人种、任何企业、任何身份，都会选择保值的实体而不是货币。

9. 一切知识体系的创新、技术的革新，最终都会落到实业上来。

10. 数据的重大作用。

- 大数据时代，已经到来。
- 对数据进行分析，创造新的、受欢迎的产品。
- 大数据，创造经济价值。
- 利用数据，进行众筹。

11. 数据用于创新的三要素。

- 改变源头。
- 开放共享。
- 利用三方数据。

12. 研究表明，2007 年至今，中国在研发上投入的经费大幅增长，涨幅超过 54%，远高于美国与世界的平均值。对于企业家来说，研发资金重点投入的领域，就是我们要关注的领域，它蕴含着无限商机。

（2014 年 1 月 8 日下午，主题“品牌战略与奢侈品新解”，瑞吉纳·康奈尔主讲）

1. 品牌是一种概念，伟大的品牌会创造巨大的价值。

2. 不同的品牌，对应不同的定位。

3. 无论是个人还是企业，创立一个品牌最重要的是：了解自己，并坚持自我。

4. 创建一个品牌的关键。

- 我的形象是什么，我如何被看待，竞争对手如何被看待。
- 差异性。
- 代表某类特质，并始终坚持。
- 与消费者建立情感联系。
- 讲事实。
- 保证相关性。

5. 不要给猪涂口红：不要试图成为你永远成为不了的那类人。

6. 品牌如人。

- 善于倾听。
- 不断学习。
- 人性化。
- 处理危机。
- 给你的顾客惊喜。

7. 奢侈品品牌，广告、品牌推广的费用比重为 25% ～ 50%。用美的方式，持续不断地宣导。

8. 新奢侈品的特征。

- 无 LOGO。
- 限量版。
- 小众品牌。
- 手工打造。
- 关注传承。

CHAPTER

第八章

组织运营

如何提升组织能力

老板个人能力再强，也只是大业务员 + 大技术员。一个企业只靠老板一个人活着，所有的人都拿着低工资，过着小个体户级别的日子，这样的企业，往往以老板的身体出现健康状况为转折点。老板的斗志与理想，在残酷的现实环境当中，变得非常的苍白。

所以很多企业家的结局是一胜九败，即只挣到了钱，其他的基本都输了。

大多数企业家做梦都想做一件很伟大的事，就是经营一家幸福的企业，核心就是其组织能力非常强大。也就是，组织是每个人的组合体，创造巨大能量，而不是一个人的英雄主义。

企业如何由老板的个人能力向组织能力转化？

组织能力是由组织机制与组织人才决定的，所以组织系统能力与人才的培养能力特别重要。

由老板个人能力向组织能力转化需要一个“铁三角”关系：良好的合作利益链机制、企业产品战略、人才通道与训练。

其中包括十个工具能力。

1. 企业产品定位。

2. 高管薪酬。

3. 股权机制。

4. 考核与目标。

5. 企业晋升训练。

6. 企业晋升标准。

7. 营销业务流程。

8. 招聘体系。

9. 能力训练。

10. 客户系统。

从机遇型向系统型过渡的过程中，老板确实需要顾问，需要系统辅导。伟大的企业，都是不断地从依靠老板个人能力向提升企业组织能力转化的。

团队管理靠关系不如靠格局

很多企业老板与管理者都有一种思维，就是靠关系来维护企业，用亲人，用同学，用老乡。其实，优秀企业都是靠格局发展起来的。

格局包括三个重要内容：企业使命与愿景、企业家的人格、企业机制与分配。

靠关系维护的企业，首先会形成内耗。既要用人，又要防人，不但企业累，应聘的人才也累。试想一下，哪个一心干大事的职业经理人，愿意在这样的文化下浪费青春与时间？

靠关系维护的企业家，一是想企业利益最大化，二是想通过关系控制人。他们也有自我不成长的恐惧感。一旦合作伙伴因为有更好的发展机会而离开，他们往往会拿出“关系”二字或“感情”二字来打压，最后往往会导致企业走大弯路。

企业家想建立真正的团队，需要在三个方面下功夫。

1. 战略思维需要提升，产品设计与产品方向选择的能力需要提升。

2. 需要提升企业家本身的气质与格局，分配好机制。

3. 在培养人上，需要真心地帮助别人成长，而不是带有利用心态。

这是格局的基本层面。有人会认为格局是虚的，而钱是实的。格局本来就是虚的，虚到 99% 的人不知道它的威力；钱本来就是实的，实到 99% 的人没办法成为富豪。

所以，第一要相信，没有相信，没资格谈格局；第二要利他，不利他，没资本谈格局；第三要帮助，不帮助，没资质谈格局；第四要布道，不布道，没资历谈格局。

让关系站到一边吧，只有内修成长，才会吸引到优质的资源。

企业创业六步法则

1. 推动业务流程。核心工作是做好业务流程，设计好产品销售方案，找到客户，拿回现金。（此步能生存）

2. 管理产品货源。要么创造独特产品，要么设计创新型产品，要么下

沉营销、增大销售额、代理别人产品、增加返点额。不管如何，核心工作是提高谈判权，提高销量。（此步能发展）

3. 创建销售平台。招聘及培养团队，管理企业精神与文化，打造销售团队及干部，出单。虽然这是一个大工程，但团队需要抱团打造，才会形成有竞争力的品牌。（此步可以扩张）

4. 研发领先产品。分析竞争对手产品，切割企业产品定位，找到独特的产品需求，从而研发具有领先意义的产品。（此步真正形成竞争力）

5. 建立管理系统。财务系统保安全，组织系统激活人，营销系统创利润。（此步增加企业成熟度）

6. 交钥匙工程。帮助客户形成解决方案，真正向实力公司与品牌公司进发。（此步能走向强大）

团队的命脉

1. 团队是用来抱团取暖的，不是用来相互抱怨的，谁也不比谁牛多少。

2. 一个人很容易看到别人的缺点，但绝对看不到自己的缺点，所以少说别人缺点，多征求别人意见，发现自我不足。

3. 一个人的视野与自己的事业空间有关。所以，在没有大事业空间时，学会吃亏是很重要的。

4. 不要轻易放弃一个有潜力的人，也不要轻易收留一个不把团队当回事的人。

5. 从来不帮助别人的人，一定会被淘汰于团队之外。

6. 维护团队走向强大的第一个条件是道义，道义就是做事光明正大。

7. 没有业绩与利润的团队是最艰难的，谁在这个时间抱怨，谁就最先受到伤害。

8. 无论你多么能干，你的关键性缺点没有改掉，那你可能有成绩，但不一定有功劳。关键性缺点的第一条就是，长了一张爱抱怨的嘴。

9. 帮助自己职业化，帮助他人职业化。不管你是游侠还是屌丝，关键时刻（MOT）得负起责任，担当重任，一直当游侠的人会被错判，冤死。

10. 相信你的队员是你成为好领导的前提。

企业家如何识人

想看准一个人，需要三步：第一步，看素质；第二步，看胜任力；第三步，看价值观。

为什么很多人看人会看错呢？因为总习惯只看第一步。

第一步的内容包括：形象、表达呈现、沟通能力、学历、工作简历、理解能力、知识量。我们对人产生误判，往往是因为有些人在第一步里表现得非常好，给人的第一印象很好。

第二步的内容包括：执行能力、训练他人能力、影响能力、目标感及实现力、知识转化力、主动性、责任感。这是一个人有成就的基础。很多人在第二步出现了问题。有的人说，我学历高、长相好，为什么没有成功？原因很有可能就是没有目标、恐惧担当、懒惰。有知识但懒惰的人是最可惜的。当做好第二步时，有些人已有成就了，但绝不是集大成者，集大成者需要有第三步。

第三步的内容包括：财富认识需求、创新能力与转化能力、领导教练能力、机制系统能力、社会责任感、使命感、付出帮助能力、价值成就力。拥有这些的人是社会中最有价值的群体，付出大于索取，训练他人并成长自我，有事业并有耐心。

需找合作的伙伴，要看其价值观：为自我还是为他人、生活型还是社会型、学习成长型还是守成型。价值观的核心是，如何看自己与社会的关系。有一种人成大器，他来到这个世上就是为了验证价值。

所以，三步走，节约时间看人准确。

系统如何执行

系统执行，就是从学习系统，到做系统工具，再到导入系统，实现系统落地，从而达到解放老板、利润倍增的过程。

1. 一个决心：企业操盘手的勇气。

2. 两个要素：好系统、好平台。

• 好系统：原理标准、工具合理、共赢思维的系统。

• 好平台：要有人与团队来执行，不能光喊口号。

3. 三部曲：

• 用一年时间复制一套系统。

• 用三年时间优化一套系统。

• 用三到十年时间创新系统。

4. 系统军队：四支“铁军”。

• 财务铁军：规范税金、成本、现金、账务、预算等财务管理。

• 成交铁军：从市场拿来钱，通过机制分配，实现客户、成交手、企业三方共赢。

• 管理铁军：从运营到行政管理，再到人力资源匹配与训练。

• 技术铁军：实现产品研发、创新、交付一条龙服务。

5. 五个培训班：储备干部训练营、技术通关训练营、业务通关训练营、运营训练营、TTT（企业讲师训练营）。

6. 六大文化：相信、实干、PK、服务、竞争力、超值产品。

7. 七个行为：收到现金、扩张团队、遵守系统、文化正能量、获得利润、公平文化、有使命。

8. 八个环节：策划、定位、品牌、投资、机制、营销、采购、平台。

- 策划：我做什么行业。
- 定位：我做什么产品。
- 品牌：我有什么文化价值。
- 投资：我准备做多大。
- 机制：我如何分钱。
- 营销：我如何收到钱。
- 采购：我如何做出产品。
- 平台：我创造多大事业。

9. 九个工具：目标责任书、薪酬分配表、绩效考核、晋升生涯表、业务流程系统、企业纲领、财务信息简表、财务流程手册、预算管理表（第一批导入工具）。

10. 十项法则：

- 三维整合：对专家、管理、代理商的三维整合。
- 打通产业链及产品链，形成商业生态。
- 核算账：算好账，算清账。
- 高管分红及股权激励。
- 六度营销：全部力量参与营销。
- 菲尔德薪酬：激活销售团队。
- 平台打造及平台文化：自己的团队亲自打造。
- 扩张训练法则：让所有人为自己工作。
- PK 法则。
- OPP 营销：流程化营销。

中国企业，最缺系统。有系统，就不要放在一边，要敢导入、敢成长、敢做决策。

营销系统的灵魂是什么

很多人都把销出去、提高销量当成营销系统的灵魂，于是就出现了很多销售专家、策划大师、广告大王。但他们很快都败给了一个无名的程序，营销研究人员发现，这个无名的程序就是：打造销售平台。

销售平台有五要素：有价值产品、销售团队、营销机制、销售流程、市场容量。很多企业都是在这五大要素面前败北，因为它们不懂得建立，或没有耐心建立销售平台。

中国的企业往往把独特产品、公关能力、稳定客户当成立足法则。但这并不是企业获得最终胜利的法宝，**客户最终会选择有交钥匙能力、打通产业链，并且给客户带来效益价值而不是感情价值的企业**。

营销系统的建立，必须基于策划有价值的产品，研究客户消费需求，提供超值产品，同时以培养人才为主导的销售团队晋升机制。并且，做到利润分享，各岗位分配体系合理，同时建立客户价格关系。运用六度营销法则，增加技术与营销平台的融合度，提高销售流程效率。这样，就可以扩张市场，形成企业内核竞争力。

所以，营销系统的灵魂是打造销售平台。

企业操盘手八大工具

企业操盘手，是一个企业实现愿景的领导者。企业操盘手共有八大工具。

价值：即经营价值，就是我的优势是什么，我能帮助你什么，我与你合作，能带来什么价值与好处，我与别人有什么不同。只有能够提供价值的企业，才有存在的必要，才更有奋斗的动力。

定位：就是做印象管理，要么是行业代名词，要么是最大法则，要么有独特优势。定位可以使你迅速区别于竞争对手，让顾客第一时间找到你。

目标：业绩利润、团队建设、系统建设、培训管理，要量化到每一个岗位。

整合：能带来更多的势，能提高企业的宽度与厚度。整合的四大要素是，机制、测评方法、风险管理与文化界定。

分配：把老板的事变成大家的事，建立利益共同体。要想成为存活企业，不要分红；要想成为好企业，至少分红 30%；要想成为中国第一企业，学会分红 50%；要想成为世界级卓越企业，要敢分红 70%。

成交力：改变营销模式，提高营销服务，建立业绩流程，设计成交标准。

势：大势所趋，顺势而为，所以势能很重要。经营企业要善于造势，并记住，势不可以一次用完。

PK：激活别人，就让他参加竞赛，参加 PK。人只有在比赛时，才会把潜力发挥出来，关注荣誉，关注成就感。

“企业操盘手”语录之民营企业家系统建设 16 条

1. 把老板的事变成高管的事，把高管的事变成团队的事。

2. 一切的管理在于要求，一切的要求为了爱。

3. 让数据成为管理的主题，而不是感觉。

4. 老板改变了，精英就改变了，那么团队自然就改变了。

5. 很多企业已经到了必须打通产业链的时候，企业管理者最大的敌人是自己，不愿意改变能力圈的人，不愿意主动尝试的人，会被淘汰。

6. 做企业，别人永远不可能 100% 监督你，只有良心才是监督的底线。

7. 训练员工，让员工的每一个工作环节都有培训。

8. 企业规划的六个方面：销量、成本、产品、市场、人才、系统建设。

9. 业利润应放到五间房子里：第一间，国家税收；第二间，发展备用金；第三间，扩张备用金；第四间，股东；第五间，企业关键人才。五间房子的钱，不要相互碰。

10. 企业组织系统，要么通透地执行，要么打回原形。

11. 给员工算账分红，一定要设计指标，有计算方法，形成公式。

12. 让员工发挥特长，让他们充满自信。

13. 价值 = 贡献 - 内在的索取，只有减少内在索取的企业，才能实现百年大计。

14. 人才的多少，取决于人才培养的代数，代数越多，人才越多。

15. 技术人才可以引进，管理人才需要自己培养。

16. 定位是前提，产品是精华，规划是纲领，核算是机制，分配是激活。

“企业操盘手”语录续

1. 企业家永远先做应该做的事，再做喜欢做的事，最好是把应该做的事，当成喜欢做的事。

2. 让公司成为一个有社会价值的企业，而不是只当成挣钱的工具。

3. 激活员工潜力，让员工在心底认为：这是我的企业，我在这里获得了尊严。

4. 打通经理人的晋升通道，让他们拥有自己的事业。

5. 企业一定要全员参与营销。随着客户消费的深度加大，营销需要的技术也在增加，需要六度营销法。

6. 相信的力量，是企业家的第一大力量。相信团队，相信机制，相信数据，企业才可以做大。

7. 不是光靠策划就能形成品牌，品牌的形成也是需要机遇的。

8. 成为行业第一，不是为了赚钱，而是为了正行业之风，担行业责任。

9. 多把机会留给年轻人。

10. 企业应从策划定位开始，而不是从只生产一个产品开始，否则只能成为别人的打工者。

11. 只有打通行业的产业链，在金字塔的顶端，才会有生存的机会。

12. 人，三年一小变，十年可大成，但需要用五十年让企业度过创业期，有时快就是慢，有时慢就是快。

13. 定位必须明白，十年后的客户是谁，十年后的产品是什么，十年内的利润是什么。

14. 对企业操盘手来说，勇气比技术更重要。

15. 人才，是自我成长的。

16. 前端产品要的是满意度，后端产品要的是价值量。

17. 只有满足资源的核心利益，才能获得资源的核心价值。

18. 吃饭可以让人有行动的动力，梦想可以让人有飞翔的动力。

19. 企业核心竞争力为：科技实力、系统实力、文化实力。

20. 企业管理系统建设三个过程：复制模仿、系统升级、自我创新。

21. 人才进步与自我成长的快慢，很大程度上取决于这个人对老师的臣服。

22. 如果一个老板，只要求员工付出，不对员工付出，员工迟早会离开他的。

23. 员工不会忠诚于任何人，员工只会忠诚于自己的事业，所以要企业老板把自己的事业变成大家的事业。

24. 想开分公司，必先建立分公司的机制、薪酬、流程、销售成交方式及分子公司的运营模式。

25. 想开事业部，必先建立事业部的机制、薪酬、流程、产品研发、战略规划。

26. 油条理论：我是做油条的，想开早餐馆，那我就无偿给能做豆浆、包子等的人提供平台，大家共同做，共同发财。这样，我通过别人既赚到了钱，也实现了做早餐馆的愿望。

27. 一个人如果有世界级的教练心态，那么，从教练的学员中获得 1% 的利润就是很可观的，关键是看你有没有世界的格局。

28. 如果你是做建筑钢材的，你能够不以赚钱的心态整合建材、石材、机械车等资源，那你早就是伟大的建筑供应商了。

29. 道生一：老板创造公司，创造产品；一生二：老板设定机制、薪酬、流程、文化；二生三：老板定制人才、复制机制；三生万物：由职业经理人去扩张。老板只做准备的工作。

30. 没有预算的公司，就是没有细账的公司。

31. 不要给员工安一个过高的职务名称，因为不管他胜任与否，都会与别人比较薪酬。

32. 数据化管理，带来理性的决策；没有数据分析的任何决策都是感性的，都是有风险的。

33. 工作分析表告诉我们：专注自己的工作，放下与自己无关的事情。

34. 没有素质的股东，会在公司出现困难时逃跑。

35. 以销售为导向的公司，员工分完钱后，只留下客户，没有消费，没有服务，这样的公司最危险。

36. 定位不是为了帮助销售，而是为了明确企业存在的价值，与企业内在发展的成就感是什么。

37. 产品研发、产品调研、产品差距分析、产品交付与产品人才成长，五大要素一个都不能少。

38. 可以空降资源，空降产品，空降系统，但要小心空降人才与股东。

升级版“长松组织系统”工具包语录

1. 光明不在眼前，光明只在脚下。

2. 只有不断升级你的朋友，你才可能进步。

3. 睁开眼睛巨大压力，闭上眼睛万座大山，是因为没有平衡好企业与“我”的关系。做好企业，需要无我，只有无我，才不会计较个人的付出，才会快乐。

4. 短期叫目标，中期叫规划，长期叫使命。

5. 一个企业，光创业期就得很多年。没有根基，企业一定会出事。大部分企业死于过急。

6. 小胸怀培养奴才，大格局培养企业家。

7. 如果不敢改革，将会失去重新面对的机会。

8. 选择股东，就是要选择与有贡献、共吃苦、有前景的人合作。

9. 没有量化数据，就不要轻易用人。

10. 不了解行业的发展趋势，就没有企业真正的未来。

11. 企业并不是老板自己的，但老板是企业的。

12. 能自我创新的企业，才是伟大的企业。

13. 企业定位不是用来帮助销售的，而是定位企业存在的价值、企业的社会价值与企业的信仰。

14. 一个人，不要规划神才能实现的梦。

15. 即时战略，就是发现商机，就是修订战略。

16. 成就企业的人，就不应再把个人的委屈变成宣传的资本。

17. 只有放下，才是真正的爱。减少控制，员工自由，自己也自由。

18. 落后系统的人，不能教育先进系统的人。

19. 没有逆境，就没有逆境商；没有理财，就没有财商；没有情感，就没有情商。

20. 平凡的人，不要说伟大的承诺。

21. 幸：是机遇，福是经营。抓住机遇，安心经营，就是幸福。

“组织系统班”语录

1. 做优秀的企业，是一种功德。因为不但可以因起善念，还可以传播善念。享受企业，就是享受企业的系统、人才成长与爱的传播。

2. A+B+C+D=E，这是企业成功的公式。也就是，抓住机遇的企业家 + 管理系统 + 梦想传播 + 卓越团队 = 一路成功。

3. 企业家一定要爱自己。因为一个健康的企业家，对自己、对社会都很重要。

4. 不要想着到陌生的行业里发大财，钱是给内行人赚的。

5. 不在停止中恐惧，就在前进中痛苦，我宁愿选择在前进中痛苦，因为恐惧永远不会有结果。

6. 任何人，不管是孩子还是大人，独立，才会换回尊严。

7. 谈清楚回报，再谈制度，这样的制度才会有人遵守。

8. 解放老板的准备:要有管技术、营销、运营的三个高管，要准备财务、营销、组织、产品四个系统。老板不要凡事亲力亲为，而是要结果，做训练。

9. 没有定位的产品只能降价。

你一定要了解的企业数据

作为老板，要了解企业经营的数据。这是企业存在的价值，也是企业经营的临界点。这里所说的数据主要是指民营企业经营活动的数据。

1. 利润率：工业品 9% 以上、服务业 15% ～ 20%、快消品 11% 以上、代理业 6% 以上。利润率再低就没有价值了。

2. 门店投资周期：2 ～ 4 年。如果周期短，遇到风险期，企业很难渡过难关。

3. 产品与终端销售价格：工业品 100∶135 以上、服务业 100∶170 以上、快消品 100∶135 以上、代理业 100∶120 以上。销售进货价与终端价差太小，企业没有利润。

4. 老板与团队的销售比：80%∶20%，为个体户；40%∶60%，为创业家；20%∶80%，为带动型企业；10%∶90%，为系统型企业。要注重培养营销团队，解放老板。

5. 欠款周期：合同周期内无欠款为优质企业，超过一个周期 50% 欠款为风险企业，超过一个周期 80% 欠款为濒临破产的企业。应收款太多的企业没有竞争力。

6. 系统管理团队：管理团队拿到 15% ～ 20% 利润分红；无分红，则造成团队流失。要与团队形成利益共同体。

7. 工业品库存率：低于 30% 为健康系统；快速消费品库存率一般为 15%；服务业空置率，应不高于 15%；代理商存货率，不高于年销售额 15%。解决库存率的办法：对营销团队及总经理进行库存率考核，与 40% 的收益挂钩；考核库存产品打包销售方案等。

8. 土地投资与非机械固定资产投资，占总投资比例不超过 40%。太多固定资产投资，会挤压研发与创新投资。

9. 销售人员出单率不低于 1∶8。合同履约率不低于 80%。

10. 企业利润率满足三项利益：研发与再投资，团队分红与奖励，股东投资回报。

11. 企业应收款与预收款：预收款超过 20%，为经营状况良好；预收款超过 20% 且产品交付率超过 90%，为卓越企业；合同周期内超过 50% 的应收款，为困难企业或濒临破产企业。

12. 工业品销售人员+制造人员，与职能人员的比例一般为 8∶1，服务业、快消品业，不低于 4∶1。职能人员在初期所占比例不能太高，因为经营人才要更多地承担培养人才的作用。

13. 企业折旧，三级折旧：资产折旧，低值易耗品折旧，办公资产折旧。企业利润应超过当年折旧的总数额。

14. 如果企业的利润 = 所有的税金 + 折旧 + 人员的增值培训 + 再投资，那么企业会走向死亡。

看数据，看企业，“产品力、系统力、营销力”是企业之灵魂，漂亮的数据源自企业这“三力”。

走出薪酬管理误区

1. 过多或过少的分钱机制都不合理，一定要按实际贡献价值分钱。

2. 杜绝浪费、不节俭的福利吃请，其实员工在意回报。

3. 不可对人承诺股份。股份激励应针对有价值的岗位或人设立。

4. 对员工进行期望值管理，渴望立即发财会害死人。

5. 创造不允许贪污的机制。

6. 薪酬与考核是双手，一只都不可缺。

7. 留足发展备用金，不可把钱花完。

8. 老板们也要有价值工资。

“海、陆、空”营销

目前企业的营销升级，指的是“海、陆、空”三个方面的升级。

“海”指渠道。现在，很多企业一味模仿别人，看别人在哪个方面强了就跟进，结果没有果子吃。

渠道的建设核心是客户的受益权，也就是渠道为你开发了客户，你是否遵守规则，持续地为渠道提供回报。在中国，渠道与厂家互不信任的文化需要升级，共同成长的关系更需要升级。所以渠道之“海”，仍是中国快消品及工业品的主流。

“陆”指营销平台。营销治百病，哪家公司的平台大，哪家公司的话语权就大。所以，营销平台的建设，不仅是一家公司的战略使然，也是其能力的见证。

“空”指网络。近年来网络购物兴起，以后会有更多人习惯在网上消费，这个势头不能阻挡。

“海、陆、空”三军的价值，就是把好的产品推出去。当然，一家企业如果没有好的产品，建立三军是没有意义的。这就好比一个国家要想有三军，首先要有创新与综合国力。

“海、陆、空”三军的升级，不是说全面的升级，而是说依据自己企业的实际情况选择。

“海、陆、空”营销，就是要最优化地增加好的客户体验，让企业的客户黏在企业身边，从而实现企业存在的价值。

客户体验的价值包括以下几个方面。

1. 客户情感价值得到满足。

2. 客户消费需求得到满足。

3. 客户的认同得到满足。

4. 客户的体验感受得到满足。

5. 客户的传播安全得到满足。

这是企业产品价值 + 营销模式 + 企业服务模式的综合实力的提升。

那么，一个企业如何做好“海、陆、空”三军建设，如何在客户体验上下功夫呢？我们需要从人性、心理学角度出发来深度体会与研究。

1. 不是从低价开始，而是从一个合理的价值点开始。

2. 做到产品的质量保证与实用保证，增加客户的安全感。

3. 服务的基本层次要达标，再追求极致完美。

4. 从人性上做服务流程，从客户满意度上研究服务。

5. 学会放弃部分不明白其核心需求的客户。

6. 当然，还需要外部机制与内部机制相结合来提升客户体验。

企业四大突破点

一般来说，以下四方面是一个企业从基础管理向规范管理行进的必经过程。

第一，非老板营销。

很多大客户营销型的企业，老板十年如一日积极参与营销，天天出差见客户，关注每一单生意、每一个合同。但是，这样一来，老板因忙碌反而失去了对行业或产品的敏感性。所以，企业中要有一定比例的非老板营销，放权让团队去做，可能一天两天没有效果，但坚持下来，老板能学会很多管理技巧。

第二，分配机制的公开与公正化。

老板有三怕，一怕公开账务，二怕公布挣钱多少，三怕员工挣钱后创业。这样就形成了一个恶性循环，员工与老板的内心距离越来越远。只有坚持分配机制公开、公正，才能让老板不再分心，与团队一起创业。公开指敢于向关键人才公开账务、公开利润，并分享利润；公正指股东与管理团队有一个合理的分配关系。这样，大家就敢于一起创业了。

第三，产品精品化与产品服务流程化。

一个产品没卖透前，就不要轻易大规模上产品。把一个产品进行完美性的修正，形成转介绍，这样才能形成规模效应。企业扩张最怕有不完美的产品，因为客户不满意一个产品，会对所有的产品都有看法。因此，产品精品化与产品服务流程化很重要。

第四，人才训练与管理团队的复制。

一个好产品进行扩张，需要复制团队。复制团队的核心是：榜样、动作分解、训练。首先，没有榜样就没有说服力，让榜样来培训最有效果。其次，进行动作分解，将产品业务流程化。最后是反复训练。

C H A P T E R

第九章

教 练 技 术

带团队秘诀

1. 商业模式当中，需要设计自循环体系，不能累死老板。自循环体系中，必须有采购或生产、营销、运营三个重要环节。

2. 传承经理人很重要，组建、培养、授权、分配是核心要素，每个环节都要重视。

3. 老板的核心工作就是把战略与商业模式搞清晰，这是信心的基础。

4. 团队需要的是文化，当然，正文化很重要。

5. 不要认为管理是简单的，简单永远是对消费者使用来说的。消费者使用简单，是建立在无限完美系统的前提下的。所以，没有省事就能挣大钱的。

6. 团队、网络、客户，是铁三角关系，丢掉任何一个都不行。

7. 老板切忌：用感情拉人、用亲情带人、用无情防人。老板需要做到：共享企业信息、共享企业利润、共享企业权力。

8. 打通利益链是从销售额与利润这两个角度开始的，要让有价值的岗位的利益链在企业中得到打通。

9. 管理就是管理员工的信心，培养就是培养员工的竞争力，检查就是检查员工的工作结果。

10. 敢于和昨天的我做斗争，只有把面子与世俗的东西扔掉，才能做真老板，否则只是顶着企业家的名，干着苦力活。

干部是如何打造的

企业干部的训练有几个关键，包括机制、晋升通道、愿景，当然还有机会。最重要的是，老板必须把团队看作一体，把干部当亲人来培养。干部打造主要包括五个过程：选择、训练、机会、试错、授责。

第一，选择。选种子非常重要，选种子的标准是：行动力高于一切，不行动的人是不能用的。

有人说：如果一个人一天学习两个小时，那他基本可以做干部；如果一个人一天学习五个小时，那他可以做高级干部；如果要想真正成为企业家，一天学习需要超过五个小时。

行动力能让缺点得到修补，不学习、不行动的人，是没有出路的。

第二，训练。一个人的成功，主要是四个方面的成功：呈现能力、专业能力、战略能力、自控能力。简单来说，就是不断学习、自我管理、形成格局。

呈现能力包括读、写、说，当然也包括做榜样。任何好东西，没有呈现出来就不是好东西。任何干部，如果他不会说话，那他发展到一定位置就升不上去了。

专业能力是把一个团队带好的基础，因为任何团队都不会追随一个没有本事的领导者往前走的，不管他的格局有多大。

战略能力也叫影响力。如果你没有战略能力，基本上就没有影响力。战略包括：预测、试错、样板、扩张。如果你不是一个赌王，那你还是慢慢来吧，任何与现实没有接地气的理想都有可能成为笑话。

自控能力非常重要，情绪波动大的人不容易成为干部，因为这样的人容易把团队带坏。

第三，机会。光训练，没有机会是不够的。选择相信别人，给他机会，让他在岗位上试错是非常重要的。人才不是训练出来的，更不是谁培养起来的，人才的成长首先要有自我成长的意愿，然后要有平台，最后抓住这个平台给的机会，在这个平台上反复试错才行。

第四，试错。也就是不断地尝试的过程。用人其实就是一个反复试错的过程。

第五，授责。授权不如授责，授权可以让一个人野心膨胀，甚至失控，但授责是让一个人感到责任，并追求收入之外的价值。

当你的企业进入这个循环，那你的企业一定会人才济济。一个企业只有抱着成就他人的心态，使他人与整个团队融成一体，才会有大量的干部。

领导灵魂：用人所长

好的领导，一定会用制度管理人的缺点，因为缺点大部分是共性的。

一个好领导或卓越领导的核心是用人所长，让团队成员想尽一切办法去为公司创造高业绩。

人之所长，就是有别人不可取代的竞争力。有些人一味想复制别人，沿着别人成功的路线挣快钱，其实他们不知道，别人能挣钱，是因为别人有不可取代的竞争力。这些竞争力是十年如一日沉淀下来的。好的领导，要不停地把这些道理讲给团队听。

用人所长，首先是发现人的潜力，塑造他的价值观，改造他的世界观，改变他挣快钱的思想，让他沉下心来，用一生做一件事情。其次是通过训练，让他的尖刀优势体现出来。

任何人成功都有一个优点，那就是"一定要"的精神，主动去行动。不要在那些看似有才华但没有行动力的人身上浪费时间，因为他们本身就没有评估好自己的时间，当然，他们也不会成功。

好领导不要站出来把自己当成神，不管别人如何看你，你必须把自己当成普通人，然后，静下心来，发现别人所长。

管理系统教练的八颗钻石法则

1. 不以下级对待你的标准对待下级。很多下级由于不是教练，无法平衡给予与回报的关系，习以为常地索取。作为管理系统教练，绝不可以以别人对你的态度来回应别人，因为教练与下级的目标不一样，教练的核心是教导，灵魂在于帮助，目标是帮助别人获得高业绩，实现这些，需要高格局。

2. 直接解决问题，减少沟通水分。回避问题的时间越长，付出的代价越大。教练不能通过暗示、传递等方式管理问题，而应用最可行的方式直接解决问题，把沟通的水分挤掉。解决问题是教练的价值所在。直面问题的最好办法是，获得别人的正面回应并行动。

3. 听懂别人的需求再分配任务。如果我们不了解别人的深层次需求，我们很难理解他们的行为，当他们的行为与我们的要求不一致时，我们会产生怨气。所以，深层次了解别人的需求非常重要。一个人的原动力源自他的内在需求，了解他的需求之后再分配任务是最有效的途径。

4. 把多数人统一到一个目标上。当无法教练所有人的思想时，最好的办法是把大多数人统一到一个目标上，产生团队荣誉。

5. 传递并让别人接收到你的价值观。文化传递最有效的教练方法就是传播思想。世界上最高级的领导人，一般首先是传播思想，再传播行为。在别人接收到你的价值观的前提下，你的规划与任务的传递，就轻而易举了。

6. 运用可行性方法，指导下级获得高业绩。教练的核心是懂进程、明方法，游泳教练得知道如何游，企业教练得知道实现企业目标的进程。下级在关键时刻需要：一是通过分析找到可行性方法，这叫团队智慧；二是直接给他可行性方法。

7. 人性化。不人性的流程是不能持久的，顺应人性去实现目标，是教练的价值。

8. 教练永远要实现双重目标：企业目标与下级目标。管理系统教练的首要目标是实现企业规划，但下级的目标一定要列入企业规划内，这才是企业经营之道。

管理者心中的七只小恶狼

管理者心中一般有七只小恶狼，不及时清除，影响巨大。

1. 阻止一切对自我无利的事情。管理者一般会假设自己的位置有多高，然后渴望别人更尊重自己。如果下级做不到，便把本来属于下级的机会强行拿走。做出这样的事可能是不经意的，却伤害了下级的一生。更有甚者，发现有些事情对自己没有产生实质性利益，不但不支持，反而会设置障碍阻挠，以致别人连机会都没有。

这只小恶狼，最终会使管理者失去他人的尊重，失去更多发展的机会。其实，优秀的人的一生所做的事，只有 5% 左右是与私利有关的，95% 的事与私利毫无关系。但正是这些事情的付出，才会在陷入困难的时候得到他人的帮助。这就是利他的原理。

2. 虚荣心让自己飘向天空。有谚语说：弯不下腰的人永远拾不到金子。人最怕被面子影响一生。我们永远不知道别人对我们的真实评价，只有低下头，才能听到最小的声音。有虚荣心的人往往缺乏同情心，而同情心是通往伟大的最好品质。不要再让别人的礼物与媚语使自己失去判断，多给弱者机会，弱者成为强者后会报答你曾经给予的帮助。

3. 不敢担责。在其位，担其责，拿其薪。在相应位置上，没有培养人才，没有做该做的事情，会失去尊严，也会让别人看低。合格的管理者，内在要自信，不能自欺欺人，要敢于尝试强大的方法，不要避让，而要担当。

4. 心胸不宽广。这只小恶狼，可以让有才华的人躲着你走，因为他们最容易看到的，就是你的心胸。心胸狭窄的人虽然不会对别人造成什么影响，却让自己更被动，获得的资源更少。心胸狭窄的人，容易被别人利用，因为心胸狭窄就容易计较，一计较就很容易让人失去判断力。

5. 跟不上时代节奏，活在昨天。新节奏，就是不断地打开格局，让更多的利益分享者进来，因为这些人本身能带来利益。跟不上时代节奏的人，就是与外界基本失去联系，不关注别人的发展模式，只坐在自己的位置上，而不是游走于世界之中，所以进步得慢，其实就是倒退得快。管理者的节奏，就是企业的前程，如果管理者不成长，那企业就没前途了。

6. 只求过程，不求结果。这只小恶狼，让很多人整天艰苦地工作但没有回报，因为只追求过程，发现过程有曲折，于是就找理由，说这事不适合我做，这事不应该是我做的，这事我做不了。这是不对的。

7. 伪大公者。这只小恶狼，对不合理的事没态度，对不公平的事没主张，对不好的人没行动，然后叫苦，说有原因、有苦处，不好意思伤害别人。这种行为，表面上看是大公的表现，是维护大家利益的平衡，其实是让组织受到伤害，让自己暂时苟且地活着，说到底就是自私的表现，是伪大公。

真正的无私，是面对不合理的事情时，讲真话、做真事，永远手快于口，行动大于叫苦。很少见顾虑太多的人能成功的，更少见平衡别人利益来伤害战略的人能有大作为的。所以，把真相反映出来，做真事，是帮己帮他帮天下，这样的人，才是受人尊重的人。

这七只小恶狼，能把一个个有才华、有前途的管理者毁灭掉。管理者要不断地清除心中的小恶狼，活出一个简单强大的自我。

有种力量叫服务力

老板不为员工服务，那是他认为员工只是花钱请来的长工；

员工不为老板服务，那是他认为老板是剥削员工的周扒皮。

如果有一天失去的话，我们会发现，我们并不缺少价值，缺少的是服务。不管是对方认为我们没有服务，还是竞争者服务太好，此刻损失已不可挽回。服务力对我们太重要，用心研究并践行服务，是企业发展壮大的核心法则。

服务力，指通过对内部团队与外部客户的服务，从而实现团队共赢与企业社会价值提升的竞争力。服务力是未来企业的真正竞争力。

企业的竞争一般有三个指标：价格、科技、服务。这三者是直接给客户、给员工带来价值的指标，而不管是价格战还是科技战，服务力都是必须要有的。

十项内部服务力。

1. 提供学习机会，不断训练员工，让员工成长。

2. 提供晋升空间。

3. 让团队关键人才获得股票（利益分享）。

4. 关注员工家庭幸福力。

5. 生活物质福利。

6. 获得权利。

7. 企业排他性福利。

8. 决策机会。

9. 自由的人身空间。

10. 收入机制的竞争力。

十项外部服务力。

1. 产品本身的超值价值。

2. 给客户带来尊贵性。

3. 让客户生活或工作更简单。

4. 重要日子的服务。

5. 减少劳动或代替劳动，得到更多。

6. 比竞争对手更贴心。

7. 让客户增值。

8. 赠送产品或积分。

9. 教育并且帮助客户消费成长。

10. 关键时刻的感动。

长松咨询的一名子公司总经理，在2014年春节来临时踏上了去员工家乡的路，驱车近2000公里，一家一家看望业绩排名前十的员工。带着长松咨询的温暖，走进员工家里，看望老人，拉近了心与心的距离。这不但让员工有了尊贵感，也激发了员工的动力。

他的服务力，从他的工作经历就一目了然。

- 2011年2月，进入长松咨询，成为一名业务员。
- 2011年3月，任技术官。
- 2012年2月，成为长松咨询储备干部。
- 2012年4月，成为长松咨询武汉子公司总经理。
- 一年半后夺得集团销售冠军。

战略靠头，业绩靠手，冲刺靠脚，服务靠心，他服务过的客户对他的评价是：此人成长太快，价值太大。

企业要想做好服务，必须做到以下几条。

1. 服务需要有形化，也就是服务需要量化、形成标准，这样人人都可以按标准提供服务。

2. 服务需要人人做，只有人人做，才可以让服务形成入心的方案。

3. 服务需要给权力，相信员工能服务好，员工定不负众望。

4. 服务的前提是产品，没有好的产品，任何服务都少了说服力。

5. 服务要有特色，与众不同。

6. 服务是客户消费的一部分，并不是增值服务。

7. 没有对员工的内部服务，员工就不会有对客户的外部服务。

8. 不要让低素质的人服务高素质的人。

9. 服务是经营的持续行为，不管是企业还是家庭。

10. 服务是竞争力的加分站。

记住，有种力量叫服务力。

组织系统，其实很简单

很多人认为组织系统很复杂。其实，组织系统就像我们穿着的衣服一样简单，好的衣服抗寒，好的组织系统同样“抗寒”。

1. 敢分钱。敢分钱才会挣大钱。钱是团队挣的，自己挣钱永远是个体户；不要怕团队分钱走人，因为就算团队成员走了，也给了我们经验与成熟。

2. 目标很重要。理性的目标，不但让自己不落入俗世之中，还可以让团队集体有动力。

3. 薪酬不可能让所有人满意，保护强者很重要。所以，一定要分析谁是关键人才，这一点既考验老板的前瞻力，又证明老板的智慧。关键人才，一定要分红，这是组织系统的灵魂。

4. 绩效管理与薪酬有什么关系呢？ 40% 的薪酬会与绩效挂钩，50% 的晋升与绩效挂钩。所以，绩效也很重要。

5. 绩效导入时是目标管理，中间是绩效管理，后面是进程管理。目标管理是给你一个目标，然后要结果，周期可长可短。而绩效管理是目标的过程管理，所以很多事都要分成几个阶段考核。比如一个项目，有可能会分三个阶段完成，那就要分段考核。而过程管理，是每天或每周都要进行考核。比如一个业务员，每天的工作是必须完成的。比如打几个电话，见几个客户，需要量化。

6. 所有岗位必须考核一个重要问题，就是营销必须激活。营销必须基于薪酬、晋升、培训三位一体去激活。

7. 薪酬解决动力问题，晋升解决耐力问题，培训解决能力问题。

8. 技术与研发是企业的命根。所以，与技术人员分享利润很重要。

9. 组织系统导入不下去，一是能力不到，二是勇气不足。除此之外，没有什么原因能影响组织系统，除非企业本身并不想成为一家优秀的企业。

如何导入长松组织系统

长松组织系统如何导入呢？

1. 组织文化非常重要，没有统一的文化，企业基本没有向心力。这样的团队不是只看钱不认人，就是一盘散沙。文化统一有三个办法：老板宣导，包括梦想、使命、文化、价值观与企业性格；形成文字与视频，做成故事不断宣导；培养操盘手，不停地传递。没有文化的认同，难有系统的导入。

2. 导入组织系统，还要有不错的产品。虽然产品与组织系统没有直接的关系，但好的产品就是信心，就是希望，就是员工能挣到钱的动力。所以，必须不断地投入研发或寻找好产品，建立好的模式。

3. 导入组织系统，需要提前做两件事情：规划目标，组织权力；大胆用人，相信人。这样，只要把合适的目标交给合适的人，一定会得到好结果。很多企业觉得无法导入系统，其本质是目标不清晰，对用什么样的人也不明确。目标远大，团队力量小，很是可惜。

4. 长松组织系统提供了非常不错的工具，这些工具能帮助企业扩张发展。但是，这需要与自己企业的实际情况相结合，做适当的修订与更换，因为最适合的才是最有力的。

5. 薪酬中要有高管分红，就是小干股（分红而不出钱）的应用。还要签订目标责任书，对企业高管从授权到授责。同时，企业要打通晋升利益链条，这样企业才能发挥出极大的能动性。

6. 销售利益链也需要打通，就是每一个岗位都有销售额提成或超标销售额提成，这样所有人的目光都会聚焦到业绩上去。

7. 组织系统的流程建设与流程培训很重要，也就是我们必须把没有太多业务经验与工作经验的人，培养成为相对成熟的有价值的人才。管理者必须成为教练，管理者要大胆地讲话，大胆地管理与考核，对员工提目标、提要求，并且要求有数据，这样的文化才是有利润的文化。

8. 建设团队是从会议式招聘开始的，建设团队的核心是培训。企业家把公司的技能培养给别人，本身就是格局的提升。我们是希望自己做 1 亿元业绩而没有竞争对手，还是想做 10 亿元业绩有竞争对手呢？肯定是后者。所以，企业不要怕人走，而要怕没有人。

9. 未来的社会，要了解网络，要用好数据化软件，因为 O2O 营销模式开始了，谁没有宣传影响力，谁就会落后。

可见，企业导入组织系统，需要做到工具合理、机制科学。我相信，只要企业认真导入组织系统，一定会收获惊喜。

目前，有很多企业在模仿长松组织系统，但并不知晓长松组织系统的内在价值，只是把一些理念讲了出来。一个企业的竞争力是从产品力到系统力再到营销力的，而不是一个点子、一个表格就能解决的。我们将全力帮助大家，共同成长。

长松组织系统导入成功的前提条件

长松组织系统技术性较强，是名副其实的“干货”，是企业经营走向规范化、系统化、信息化、国际化的基础。组织系统的导入需要遵循一定的要求，才能落地执行。

1. 导入系统前，一定要清晰表达愿景与系统的价值重要性。

2. 在技术与工具方面进行透彻性培训。

3. 对核心人员进行政策性交流。

4. 多次培训。

5. 对薪酬新办法进行测算，同时对系统导入的成功性进行测算。

6. 提前做好人才储备。

7. OPP（OPP 要 20 次以上）、招聘、考核、工作分析等简单的事情要重复做。

8. 发生冲突，其实是没有掌握核心知识，要教育。

9. 不设回头路。

10. 建立战略委员会和考核委员会。

11. 所有制度都以红头文件或文件形式下发，不能以口头形式执行。

12. 成立职工代表大会，使制度法律化、合法化。

13. 先导入优秀单位，再进行样板店复制（榜样复制，样板店导入要慢，扩张要快）。

14. 先谈回报，再谈任务：分钱—制度—流程（提前把比例说清楚，不要扩大其期望值）。

15. 负责人成为系统专家，懂得系统原理。

16. 关键人才批量培养，遇任何困难都要保留一批干部。

17. 微创新、微调动，做事要一步步来，有计划。

18. 系统学习，总数超过 7 次，通关。

19. 必用核心技术：PK、分红、业务流程、财务管理、培训系统、招聘、考核、五级工资。

20. 成为一个敢分钱、有格局的人。

以上 20 条是组织系统导入成功的前提条件，如果你做到了，公司将迈向新的辉煌。当然，在这个过程中，难免会出现因为改革所带来的一些挫折与阻挠，在这个时候，激励大家去战斗，靠的就是信念与梦想的力量。

一个拥有梦想，且勇于付出和坚持的人，是最容易得到别人帮助的。最终与你同行的人，是拥护企业梦想的人，是愿意倾尽全力去奋斗的人，这将是企业无可比拟的一笔财富。

在企业改革的路上，长松组织系统愿与你同行，并助你一臂之力。

CEO 要素

1. 不要专注于某一件事，而要想办法不让大家闲着。
2. 给公司带来现金的事，一分钟也不能停下来等。
3. 产品、销售方案、机制，不睡觉也要做出来，因为所有人都需要。
4. 有什么办法吸引更多资源进来，是每分钟都要考虑的。
5. 激活当下的人，创造大奇迹。

凡事要有准备

没有做充分的准备，在事情发生的前 10 分钟，就已决定胜负了。

上班要有知识准备，创业要有奋斗准备，营销要有产品与文件准备，成交要有方案准备，电话营销要有流程准备，新项目要有政策准备。

没有准备，等着丢人；没有准备，等着受累。

无准备，不行动！

语言之美

世界上最厉害的武器是核弹，但比核弹能量还大的，是人的语言。

语言的力量可以让一个人财富亿万，也可以让人成就一生。

不懂得运用语言的人，无法成为营销高手、管理高手，当然，也无法成为财富守护者。

一个人的成功，首先要自如地驾驭语言，让语言成为增分的武器，达到事半功倍的效果。内在再有才华，都需要呈现出来，语言，是呈现才华的最好办法。

所以，让语言之美，在我们身上发光！

学会写作

大部分卓著的企业家都能写一手好文章，因为卓著是传播出来的。

学会写作，可以让心里想的东西沉淀下来，日积月累，就有了成果。我们不求成为传世佳作，只求把心里所想表达出来，起到相应的作用。

金庸有那么多的作品，不是一夜写成的。我们不能放弃写作。我们更不能总认为别人的文章好，而自卑于自己的写作，我们需要生发，哪怕观众只有自己。养成习惯，有感受就写出来，我们会发现，如果把十年前的文章与现在的文章对比，能看到当年的轻狂，也能看到不足，更能看到使自己进步的方法。当然，时间与历史都会给我们回报。

那如何更好地完成写作呢？

写作与学英文是一样的，一个是难在下手，一个是难在张口，其实写作只要不怕丢人，一定能成功。

写作有十条法则。

1. 定位清晰法则：企业家多是写管理心得与系统教练的文章，这样十年专注于一项，一定能有大成，当然也对工作帮助巨大。管理心得本质上就是总结，不需要文笔好，要的是思路清晰。

2. 看十写一法则：也就是养成看书的习惯，看十篇文章，写一篇文章。如果写管理文章或书，那一定要把要写的类别弄清和已出版的一些相关书读透，才了解自己写出来的有没有价值。

3. 兴奋时钟法则：人的一天有最兴奋与最疲惫时钟，一定要在最兴奋的时间写作，才会激情高涨。

4. 他们审阅法则：写完后，一定要分享给一个固定的朋友，让他来指出收获与不足地方。

5. 价值投放法则：也就是没有价值的文章不写，这与我们的阅读对象有关，比如阅读对象是企业家，文章需求类型就很明显。

6. 关注使用法则：少写评论性文章，少写批评性文章。企业管理者应多写管理工具与系统、员工心态管理与励志、成功的经验方面的文章。

7. 干货法则：很多人会写套话，会写虚的美词，但不会把自己的真东西写出来。如果文章有“市场写真”，对企业成长有帮助，那么大家都会渴望再来一篇。

8. 践行法则：自己说的，自己写的，一定要去践行。承认自己有缺点，勇于前进，把写出来的实践了，看的人就能看到力量，看到文章的价值。

9. 坚持法则：做什么事都贵在坚持，写作也一样。

10. 阳光法则：写作是传播美，传播知识，传播能量，不是用来宣传阴暗面的。做一个阳光的写手，做一个给人动力的作者。

如何管理自己

1. 自我管理的成功：昨天做的事，今天不后悔。

2. 自我管理的标准：一级棒的身体，一群人的家庭，“一定要”的精神。

3. 自我管理的好处：先管理自己，才能管理别人。

4. 自我管理的结局：长寿、成功、幸福。

5. 自我管理的级别：

- 一级：自我管理睡眠与吃饭。

- 二级：自我管理说话，话不出口，我是话的主人；话一出口，话是我的主人。
- 三级：自我法律行为，不是让别人监督，而是有自我标准。
- 四级：自我学习，更新老的知识体系，适应新社会。
- 五级：情绪管理，没有负能量，主动性变强。
- 六级：价值观，从为我到无我。

6. 自我管理的事务管理：

- 一定去掉别人请你，却只是让你充个数的事情。
- 少去参加对你没有帮助、属于别的企业的活动。
- 选择参与对你有一定帮助但可能会占用时间的事情。
- 必须举办对企业有影响的活动。

你的公司开始考核了吗

2014年年初，我与28位企业家一起参观了谷歌公司，深深地被谷歌的文化与实际业绩吸引。谷歌是世界级的企业，其“不作恶”的价值观直接影响了我后半生的世界观。

在人们的印象里，谷歌是一家富于创新、气氛自由，甚至“有些散漫”的互联网公司。然而，谷歌有着一套十分精密严谨、完全数据化的内部目标考核制度——OKR（Objectives and Key Results，目标和关键成果），所有员工的考核评分对内公开，这种目标考核也成为各部门任务协作的一个手段。

谷歌创办不到一年，一位名叫 John Doerr 的投资人把 OKR 制度引入了谷歌，这种英特尔发明的制度，在谷歌一直沿用至今。其实不仅仅是谷歌，大量的互联网公司，甚至一些基金公司都曾经全部或部分采用这种制度。

谷歌的目标考核按照季度和年度进行，首先在每一个 OKR 中，所有员工必须设立目标。这个目标由几个重要的可测量的指标体现，不能是空洞目标。比如在网站建设上，不能说“计划让网站更漂亮”，必须说“让网站的速度提高 30%”，或是“用户交互程度提升 15%”。

据透露，虽然季度的 OKR 考核目标不会变化，但是年度考核目标却会随着业务展开做出调整。

另外，谷歌在公司层面设立了 OKR 目标。在团队、管理人、普通员工层面，均设立目标。这一目标系统，使得公司在正轨上运行。每个季度，每个员工一般接受 4 ～ 6 个 OKR 考核，如果考核数量太多，则表明被解雇的可能性加大。

在每个季度末期，谷歌将会对 OKR 考核实施打分，分值从 0 到 1.0 不等。一般的分值为 0.6、0.7。如果获得 1.0 分，则表明目标太简单；如果分值低于 0.4，则说明员工需要反省哪里做错了。

季度 OKR 评分只需要几分钟，员工不需要在这方面花费很多时间，可以把时间投入到完成项目目标上。

在谷歌，包括 CEO 佩奇在内，所有人的 OKR 评分全部公开。在员工资料库中，任何人都可以查看同事的打分；每个季度的 OKR 目标，分值都可以一览无余。

这种考核评分公开，会让一些员工感觉到“压力山大”，但是这种信息公开，可以帮助各部门进行工作协作。

据克罗（谷歌员工）回忆，有一段时间，他负责 YouTube 的主页，其他部门希望能够通过 YouTube 推广自己的产品，比如放置一个视频。这时候，他们可以首先查看克罗的季度 OKR，看看他这个季度都要完成什么工作，这样可以提前“打招呼”，实现协作。

据称，OKR 评分并不是谷歌进行职务晋升的依据，但通过评分，可以了解每个员工过去所完成的工作和项目。如果某位员工可能获提拔，人事部门可以很快捷地看到此人过去的成绩。

OKR 是为了更有效率地完成目标任务，并且依据项目进展来考核的一种方法。它的主要流程是这样一个循环。

- 明确项目目标。
- 对关键性结果进行可量化的定义，并且明确达成目标的或未完成目标的措施。
- 共同努力达成目标。
- 根据项目进展进行评估。

不过，对于国内很多企业来说，更熟悉的考核其实是 KPI（Key Performance Indicator，关键绩效指标），KPI 的流程则是这样的。

- 进行人事组织。
- 确定影响结果的关键性因素，并且确立 KPI。
- 对关键绩效指标进行检测，并且进行实时监督。
- 对有错误行为的人进行监督，甚至开除。

通过两者的对比我们能够看到，OKR 主要强调的是对于项目的推进，而 KPI 主要强调的是对人事的高效组织，前者要求的是如何更有效率地完成一个有野心的项目，而后者强调的则是如何保质保量地完成预定目标。

行动力·系统力·责任心

很多人很富足，也有很多人很贫穷，人与人的差别为什么如此之大？

其实，有很多人只要稍稍努力就能改变命运。看见在街头无助流浪的人，觉得很是可惜，因为我看到他们身上有很多特别好的条件，比如有身体的条件，比如智商并不低，比如长相也不差。但是，他们个个愁眉苦脸，没有一点舒展的笑容。生活在贫困线上的人，往往会有以下特征。

1. 懒，并且口口声声说自己不怕吃苦。

2. 脏，并且不认同自己脏。

3. 不学习，并且不愿接受新事物。

4. 恐惧改变。

5. 死要面子，活在别人的认同之中。

6. 小气怕花钱，不会吃亏。

7. 没有责任心，对世界没有价值。

8. 不懂管理，无法与人友好相处。

如果你身上有以上特征，你就该反省了。即使现在有配偶或父母的帮助，你幸福地生活着，但谁也不能保证你未来的生活。

每一个人身上都有闪光点。成功在我看来也并不是什么难事，但前提是付出足够的努力。成功的路上并不拥挤，因为大部分人在行动没多久后就后悔了，于是回到了他们的舒适地带。

人有三个成功因子：行动力、系统力、责任心。这三个因子就像三个按钮，只要按下去，你的人生动力马上启动，命运也会随之改变。

第一，行动力。

有一个歌手叫霍尊，是著名歌手的孩子，在《中国好歌曲》上突然火了，但每晚还在思考创作，有时甚至到天亮；成龙每次演电影都有伤在身，但今天依然还在工作；巴菲特 80 多岁了，每天照样学习，生活简单。我们凭什么就能做到不劳而获？

很多人有仇富心理，大家应该明白，只有闲人和懒人才有工夫“仇”。运动要有运动的能力，写作要有写作的基础，创业要有创业的沉淀，99% 的人最缺少的就是行动力。缺少行动力的原因：怕苦、怕累、怕死。往苦里做、往累里做、往死里做，是幸福的方向。有行动力，就是去完成想到的事，把失败的概率降低，这样，人的命运才会开始改变。

第二，系统力。

如果你只有行动力，对不起，你只能获得小成，因为你最大只能激活自己。有的人很成功，但还有人比他更成功，因为前者是靠自己，而后者是靠团队。系统力是从战略到机制，再到营销，再到财务，建立标准，然后通过对人才的训练，达到系统力的实现。

能激活团队，才能真正做到解放老板。一个人行动力越强，往往越喜欢自己表演。不是所有的人愿意体会寂寞、成就别人。我经常看到一些人能量超强，但只是为了让别人认同与赞美。其实，有系统力的人都不喜欢把自己当成主角，因为一旦成了主角，就再也没有人愿意帮助他，他再也无法将自己的使命交给别人去完成。

第三，责任心。

责任心就是对自己负责，对社会负责，对国家负责。一个有责任心的人，首先要对自己负责，不需要别人催、别人看、别人监察，自己就把事情做好了。

有一次，某个著名高尔夫球运动员的教练回家，记者问他，训练还没有结束你就走了，你不怕运动员练不好球吗？教练说，他是一个有责任心的人。对自己负责的人，任何监督都是多余的。不爱自己的人，去谈爱是可笑的。不关注自己的印象与行为的人，谈付出是不可能的。

责任心的起点是爱自己，然后才能去谈对社会负责。中国大气污染、地下水受到污染、食品无底线，这些让人看了就心痛与胸闷，无法深呼吸。除了机制外，还因为我们有太多的人没有责任心、不怕报应、没有信仰，不去想对后代的危害。

对社会负责，是每一个人的责任心。当然，最重要的是对国家负责。我们要记住：潜在伤害国家的事不能做，帮助国家的事一定要做。不能为了钱就轻易做出决定，做出对国家或人民有伤害的事。

总之，行动力可以不断让人明白决策的方向；系统力可以不断提升自我成长与结果成长;责任心可以让一个人走得稳、走得正。这是幸福三件宝，需要你我都认真体验。

立即行动出结果

2013 年，长松咨询在两周时间内有两次重要的会议。第一次是 9 月初的总经理会议。在会议上，决定开始实施进程管理。所有的总经理一致同意会议直接要结果、要制度、要表格，没有结果的会大家不再开。于是制定升级版“长松组织系统”工具包的销售，销售进程管理，并且导入进程管理。两周后，子公司的进程分析有很多数据，对了解公司管理的问题在哪里有明显的帮助。

第二次是 9 月 22 日的总部总经理会议，分别对 CEO（执行总裁）、CTO（首席技术官）、COO（首席运营官）等进行工作分析，并直接做出考核表，对子公司成立客户服务中心做出决定，并细化量化，效果与效率都得到了提高。

可见，“立即行动出结果”是很好的文化，把无效的会议、无效的电话、无效的行为都去掉，提高工作效率，然后享受生活，是很好的事情。

这个世界，空谈的人太多，感慨的人也不少，实际行动的人却太少。只要低下头做事情，我们会发现，我们的时间其实很多。

立即行动出结果，不再与高谈阔论的人为伍，真正能解决问题的人，才是我们要合作的人。

立即行动出结果，是一种商业承诺，是建立在信任对方、主动担当责任的基础上而形成的文化。

有的人永远算计挣钱的多少，眼光只有一尺远的人，永远无法看到一公里以外的目标。

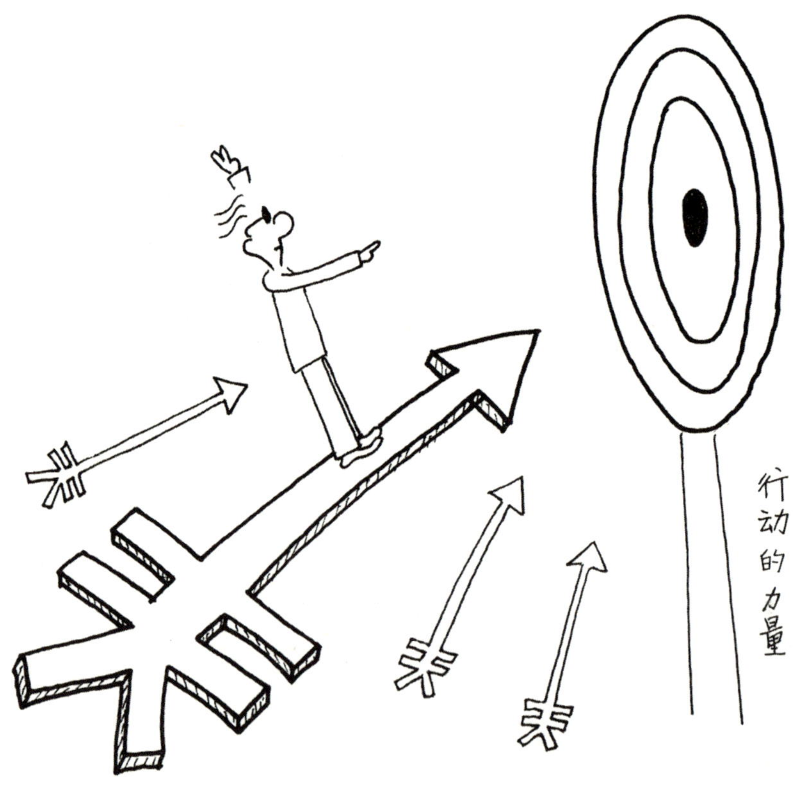

要做到立即行动出结果，需要三个工具支持。

行动工具:包括一件事或一个项目的实现工具，如销售流程、生产方案、项目书、办法、工具表格等，要让行动有指导，可以复制。

行动机制：行动时，利益分配是什么，发动别人行动的原动力是什么，有没有分红，有没有提成等。所以，越简单的机制越能调动人。

行动考核表：一定要把约定的行动内容做数字化量化，然后考核，与机制挂钩，这是最为重要的内容，制定好后签字。

只要应用好以上三个工具，一定会出好结果。

16 种营销模式

1. 连锁模式。该模式需要的关键人才为连锁管理人才、招商讲师、成交手，需要的文化为马文化，关键在于服务与执行。成功的核心在于对客户的服务文化进行打造。连锁成功在于精神寄托。星巴克不是咖啡，而是高素质人才的心灵归宿。该模式的核心在于知识复制，具备四个统一：文化统一、产品统一、制度统一、干部统一。

2. 会销模式 / 会议营销模式。该模式需要的关键人才为业务团队、OPP讲师、交付专家，需要的文化为狼文化，关键在于流程。只要按照流程来，一定会诞生客户和销售额。成功的核心是教育客户，产生投资价值。

3. 招标模式。该模式需要的关键人才为谈判师、策划师，需要的文化为鹰文化，关键在于提供独一无二的技术产品。成功的核心在于引领世界的创造，如西门子、强生、机械公司等。该模式有三个关键点：调查企业组织，个性化服务，独一无二的产品支付。

4. 政府模式。该模式需要的关键人才为资源管理者、公关总监，需要的文化为鹰文化，关键在于定制化服务。成功的核心是定制。

5. 直销模式。该模式需要的关键人才为营销培训师、营销总监、产品总监，需要的文化为马文化、狼文化，采用双规制、三规制扩张。成功的核心是对员工的教育。（三类营销人员：苦大仇深的穷人，适用于直销；具有自我实现的专业技术人员，适用于大客户营销；追求安全的人，适用于门店式营销，如超市等）

6. 经销商模式。该模式需要的关键人才为招商管理者、区域经理、产品总监，需要的文化为狼文化、马文化。成功的核心：让利—标准化—教育—选择成功者，不断地选择，把教育性产品策划成非教育性产品。该模式要点：不断地选择经销商，不断地淘汰经销商，直到找到合适的经销商为止。

经销商往往采取以下三种打法。

- “直通车打法”，直接找到最终端的销售平台。快消品行业可采用此打法，直接培训终端。
- “自助餐打法”，一般找倒数第二级的经销商平台。台湾企业多采用此模式，不签独家经销商。
- “总代打法”，一般找代理商。代理商有三大核心要素：销售总额、团队人数及质量、一次性进货量。

7. 通路模式 / 终端销售模式。该模式需要的关键人才为销售团队、产品研发师，需要的文化为马文化。成功的核心：具备一箭穿心的产品，如红牛、苹果等。该模式的要点：让人超级满意的产品，可以弥补让人不满意的产品带来的负面效应。

8. 特供模式。该模式需要的关键人才为顶级专家、公关总监，需要的文化为鹰文化。成功核心是战略配套技术。

9. 品牌模式。该模式需要的关键人才为策划总监、营销总监，需要的文化为马文化。成功核心是品牌就是标准。未来五年，是形成品牌的集中时期。真正的品牌，是国际领先的技术标准。

10. 切割模式。该模式需要的关键人才为技术操盘手、策划总监，需要的文化为鹰文化。成功的核心是无法轻易取代的定位与技术。

11. 资本模式。该模式需要的关键人才为金融资本人才、投融资人才；需要的文化为鹰文化、马文化。成功的核心是策划与流程化。

企业资本发展：

- 刚成立时，原始股东以实际资金入股，按出资额占有注册资本的比例。
- 傻瓜投资，此阶段投资风险比较大，市盈率一般最低为 2 倍，按此倍率吸引投资。
- 天使投资，核心在于退出。
- VC 投资，一般对实际价值 + 客户价值 + 品牌价值 + 未来五年利润进行评估预测。
- PE 投资（小产业投资），唯一目的为上市。
- IPO（首次公开募股）。

12. 网络模式。该模式需要的关键人才为技术工程师、网络推手、成交手，需要的文化为狼文化。成功的核心是 SNS（Social Networking Services，社会性网络服务）互动，线下的互动高于线上的互动。该模式的要点：谁忽略了网络营销，谁就失去了成为行业老大的机会。

13. 产业链模式。该模式需要的关键人才为战略规划师、政府公关人才、技术支付人才，需要的文化为狼文化。成功的核心是资本 + 国家战略。

14. 配套模式。该模式需要的关键人才为项目经理、流程管理经理、营销总监，需要的文化为马、狼、鹰三种文化。成功的核心是人性的安全需求。

15. 广告与电视模式。该模式需要的关键人才为策划人才、物流人才、营销管理人才，需要的文化为狼文化。成功的核心是价值与价格的清晰对比，重在投资性。

16. 奢侈模式。该模式需要的关键人才为品牌专家、技术流程专家、招商人才，需要的文化为马文化。成功的核心是让人更受尊敬，不断追求卓越。

20 个营销错误及改正方法

杰·亚伯拉罕是美国具有传奇色彩的营销大师，被誉为“世界上最伟大的市场行销智囊”“直接营销鬼才”“零售领域独一无二的专家”“国际第一营销管理大师”。这是我在读他的书时记录的一些知识点，分享给大家。

错误 1：对所有营销计划可行性不进行任何测试。

改正方法：测试你所有的营销计划。

错误 2：实施机构式广告。

改正方法：只实施具有直接影响力的广告。

错误 3：企业形象模糊，没能使你的企业与众不同。

改正方法：制定强大的独特卖点（USP），并在营销中使用。

错误 4：没有周边产品或服务。

改正方法：创建能够带来赢利的系统化周边产品。

错误 5：对客户、客户需求和要求缺乏了解。

改正方法：确保满足你的客户与潜在客户的真实需求。

错误 6：必须从解决企业问题的角度出发，不能仅仅考虑降低价格。

改正方法：总是能意识到必须从客户的角度进行营销和销售。

错误 7：与你的公司开展业务非常困难在于，不具吸引力并且不愉快。

改正方法：你应该做到让客户认为，与你的合作非常轻松，具有吸引力并且很令人愉快。

错误 8：不告诉客户原因。

改正方法：每次都告知客户原因。

错误 9：终止还在发挥效力的营销活动。

改正方法：不要因为感到疲劳而终止还在发挥效力的营销活动。

错误 10：不为营销确定特定的潜在目标客户。

改正方法：当你准备营销计划时，只专注于特定潜在客户，不考虑其他事宜。

错误 11：无须获得潜在客户的电子邮件地址以及相关联系方式。

改正方法：获取潜在客户与客户的所有资料，整理成可以检索的信息系统。

错误 12：无须制定战略。

改正方法：制定战略，其中包含技术活动与方法。

错误 13：无须拥有营销或销售系统。

改正方法：形成营销或销售系统，并不断改进。

错误 14：无须在营销或销售中使用互联网。

改正方法：在你的所有营销或销售中使用互联网。

错误 15：在销售时信口开河。

改正方法：一直使用和改进销售脚本。

错误 16：一成不变。

改正方法：随机应变。

错误 17：不将你的利润用于再投资。

改正方法：持续将成功所得进行再投资，以获得更大成就。

错误 18：无须了解和利用客户的终生价值。

改正方法：不断了解和利用客户的终生价值。

错误 19：无须最大限度地利用你的资产、关系、机会与资源等。

改正方法：总是最大限度地利用资源、资产与机会。

错误 20：将营销与销售视为各自运营的单项业务。

改正方法：将营销活动综合到你的所有运营与后端流程中。

营销工作 15 准则

1. 不要卖违背良心与感觉的产品。

2. 不要向动机不良或确认有道德问题的客户介绍产品。

3. 销售时，不要在危险的场所长时间营销。

4. 销售失败时，不可以骂人。

5. 任何时间都不要饥不择食，违反商业承诺与行业道义。

6. 为钱工作时，钱会向你发命令，所以钱会使人误判。

7. 向别人说第二次时，不管是不是委屈，都会让人烦。

8. 投机的成功永远不存在。

9. 自己不强大时，谁都靠不住；自己强大时，谁都不用靠。

10. 迁怒他人，更会让自己失去资源。

11. 不要带着仇恨工作，更不要证明你的强大价值。世界上没有人关心你有钱与没钱，这与别人一毛钱关系都没有。

12. 当别人躲着你走时，你不是身体脏，就是灵魂脏。

13. 一定要简单，因为一定会有人看透你，否则一不小心你就会变成小丑。

14. 三个东西不能动：别人的利、别人的名、别人的人。

15. 承认缺点，接纳自我，交给他人，互赢生发。

向你推荐经典读物

如果你是经营企业的高级管理者，这些经典读物一定会对你有巨大的帮助。

《哲学与人生》：了解哲学与中国文化对人生的影响。

《内科学》：掌握人体知识，减少错误信息判断。

《病理学》：对疾病清晰，不再受骗。

《组织能力的“杨三角”：企业持续成功的秘密》：中国大企业管理者读的一本书。

《第五项修炼》：管理组织的基础。

《从优秀到卓越》：对组织提出新要求。

《公司由小到大要过哪些坎》：企业如何改革。

《塔木德》：犹太人挣钱与成就人生的办法。

《高效能人士的七个习惯》：个人成功的方法与图表。

《企业文化》：大企业的经营信仰基础。

《品牌的起源：品牌定位体系的巅峰之作》：如何建立属于自己的品牌。

《定位》：了解定位更成功。

《战略管理：概念与案例（第10版）》：战略理论基础，是咨询师的第一本书。

《销售巨人：SPIN教你如何销售大订单》：大客户营销的最有价值理论。

《圣经》：一生每天都要看的一本书。

《古兰经》：总结出几十代人的精华。

《魔戒》：必须了解，丰富的想象力是如何出来的。

《孙子兵法》：布局的法则。

《机械学基础》：产品基础。

《国学的天空》：了解我国过去发生了什么，留下来什么好东西。

CHAPTER

第十章

文化传承

我身上，要经常带一面镜子

带团队不容易，得经常反思、自省。我每日战战兢兢，生怕自己工作做得不好，在这里**运用镜子原理，照透自我，无论在什么位置，也不能忘记成长**。

管理的核心是什么？信。也就是让团队相信。信则行，不信则虚无。为何不信？因为自我判断或他人对我们的判断有误。这种印象差，让不信成为成功的阻力。

信的核心是什么？实现。也就是言一出，拿命换结果，所以不轻言梦想，不轻谈战略，即谈在可控，控则必实现。

成功的核心是什么？舍。舍则整合，争则流失。一争功利团队散，二争财利伙伴失，三争大成身体垮。舍就是“会吃亏、能受委屈”，这是企业的领导力法则。

喜悦的核心是什么？慈悲。慈是给强者机会，悲是给弱者帮助。

平安的核心是什么？示弱。抬头易摔倒，低头看清路，狂言一出众人笑。示弱、散财、道歉，是人之三宝。

所以，我们要把信、实现、舍、慈悲、示弱，当成进一步修为的核心，身上常常带一面镜子，因为我们常常看不见自己。

身上常带一面镜子

两种声音最值钱

两种声音最值钱:市场的声音、员工的声音。公司一旦失去这两种声音,结果只有死亡。

员工不理会市场的声音,不可能有前程。市场不会骗人,你对他有多好,他就回报你多少。

做好一点,比竞争对手再前进一步,不是企业领导一个人努力就行的,这需要所有员工的努力。想要所有员工努力的前提是什么?是相信,是让员工相信自己选择的团队是最好的。

员工敢于说真话,把自己对公司发展的意见讲出来,让大家能聆听到对方的声音,而不是相互猜想对方的想法,这样的公司才有救。

真诚地,安静地听市场与员工的声音。要点是什么?要点是回应。只有回应,大家才会相互取暖,没有永远只投资不要回报的股东,没有永远只付出不要回报的经理人和员工。只有公司有结果,大家才会有真正的回报。

这两种声音越大,大家越有耐心让小生命公司变得更强大。

营销精神

1. 不让客户超出能力消费。

2. 不以牺牲客户健康而做生意。

3. 永不卖破坏环境的产品。

4. 拒绝营销没有价值的产品。

5. 再难也不要抛弃自己的客户。

6. 不轻易做出商业承诺，承诺就要兑现。

7. 永不利用客户的感情而获得利益。

8. 蔑视商业贿赂。

现代优秀公司伙伴特征

1. 有意见敢表达，不怕得罪人。

2. 上下级敢互动，而不是一潭死水。

3. 有关利益与福利的事情，能够直接沟通，而不是背后猜想。

4. 对公司的产品要有见解，进行头脑风暴。

5. 讲真话，不作恶。

6. 文化一致，拒绝个别主题与特立独行。

7. 学习文化建立，追求进步。

8. 接纳新系统、新事物。

9. 对领导的管理提看法。

10. 专注，不误判断。

学习型领导分享摘要

1. 对自己的下属负责，并且让下属拿到结果。

2. 注重基本功，注重小事。

3. 随时随地做榜样——业绩型榜样，即做管理的同时做业绩。

4. 成功者往往不是最有能力的，而是坚持出来的、熬出来的。

5. 只有与众不同才有出路，别人不做的事情你去做，不管做好做不好，最重要的是做事的心态。

6. 营造一切氛围做管理。

7. 原动力：走近员工。如果员工疏远、流失，是因为你没有走近员工。

8. 领导要学会宁愿自己不要业绩，也要帮助伙伴出业绩。

年轻人应学习的八大品质

年轻人是未来的希望，所以需要学习一些好品质。

1. 干净。不要让脏成为别人看低你的第一个因素。干净，是一个人成功的第一个要素。

2. 学习。做任何事情要有体系，要有“一定要”的精神。一般来说，越是难学的东西，越是能成为改变命运的工具。

3. 主动。成功路上并不挤，因为大家都在普通工作上挤着呢，主动尝试，也是成功的要素。

4. 担当。管好自己，不要靠别人。事实证明，持续性的发展还是要看实力的，依靠别人是不行的。

5. 平和。不要极端，不要动不动就情绪爆发。

6. 勤快。干活，要学会吃亏，多干一些吧。

7. 主见。凡事要有思想，做好决策。

8. 特长。把天赋发挥出来，这是一个人超过别人的关键因素。

你应了解的长松精神

长松咨询，一家成立只有 5 年的咨询公司，有 7 万家民营企业客户、2200 余名员工、45 家子公司。要了解长松咨询，首先要了解这家公司的精神文化，就能理解它为什么拥有强大的生命力了。

1. 追求利润，但更应有利润之上的追求。

2. 专注做教育，服务中国企业。

3. 模仿同行业无法给客户带来增值服务，自我成长与世界化学习才是出路。不作恶、不造假、不模仿。

4. 长松人要相互认同，认同战略、认同职业、认同团队，懂得只有合作才能创造高绩效。

5. 接纳合作伙伴的不完美才能创造完美，成就弱小伙伴才能造就强大团队。

6. 自己做不到的不要教给客户。

7. 赢利是建立在给客户带来价值的前提下的。

8. 学习力是核心竞争力，相信看不见的变化带来看得见的变化。拥有匹配教育行业的能力。

9. 不要一味关注竞争对手，而应多关注客户。

10. 挣钱是用来创造更大社会价值的，而非浪费与炫耀。

11. 所有的收入都要先过尊严关。

12. 实干，绝不做投机的事业。

13. 行动力改变人生轨迹。

14. 敢于 PK，敢做先进者。

15. 有责任心，对自己负责，对客户负责。

16. 远离不专注于事业、怀有其他目的的客户。

17. 把报效祖国的理念变成行动，不管行动有多小。

18. 把世界级的咨询、教育、培训行业当成榜样，与它们为伍。

19. 传播正能量，观点表达直接，不做阴阳人。

20. 数据化管理，用业绩与满意度管理人才。

长松咨询与众不同，就是因为它有着与众不同的文化与精神。

长松十大文化

配偶不得干政。

产品不能降价。

业绩证明能力。

PK 决定实力。

服务立即行动。

晋升全靠数据。

用人不计出身。

产品货真价实。

回扣丢失生涯。

商业承诺起家。

“长松人”黄金版的标准

一个字：干。

两个字：主动。

三个字：我先来。

四个字：积极思考。

五个字：责任是我的。

六个字：有谁需要帮助。

七个字：目标一定会实现。

八个字：一切的工作为了爱。

九个字：我要做最可依赖的人。

十个字：唯有业绩证明我的实力。

我为什么在长松上班

1. 规则。长松咨询是一家讲规则的公司，及时发工资、提成，凡是订立的规则都能遵守。这是长松咨询近200名企业操盘手一起奋斗的原则。长松咨询敬畏规则，让员工有安全感。

2. 产品。长松咨询的产品是培训、咨询与服务，属于技术风格，不讲形式主义，强调务实，是目前培训市场中难点产品提供商。落地工程主义是长松咨询的价值观，所以产品让人有信心。

3. 文化。长松咨询的文化强调相信、实干、服务、PK，文化中的正能量激发人的奋斗精神、创业精神。

4. 成长。长松咨询有系统的训练，所有的冠军及榜样都无保留地把自己的经验分享给大家。大分享、大吸收，因此在长松咨询一年能学到其他公司十年的经验，源于长松人的助人意识。长松咨询本身有较完整的管理系统，对一个刚工作但想创业的人来说有极大的帮助。

5. 生涯。在长松咨询，所有人的晋升和加薪完全靠标准与数据化。公司认数据，没有家族式管理，也没有亲人干涉，近200名操盘手都是从一线人员晋升而来的。可以说，只要有能力，就能得到晋升。

6. 客户。长松咨询的客户都是企业老板与高管，相对素质高。做业务积累较好的人脉，同时，在业务过程中能看到一家家企业的奋斗史，为个人的发展提供了最宝贵的样板。

7. 环境。工作环境包括办公环境与行业工作环境。长松咨询的办公环境：每天都有培训与学习。行业环境：属于教育业，属于阳光产业，为今后的个人事业发展提供准则。

8. 榜样。长松咨询的员工，工作两三年购房、购车者不计其数，年收入过百万元的占很大比例。这些人都是通过努力奋斗，靠自己的实力完成了个人人生的飞跃，为员工树立了榜样。

9. 机会。长松咨询有管理线、营销线、专家线、咨询师线、讲师线、职能线六大线的发展，所以，员工可以向企业操盘手、营销管理者、专家、企业咨询师、企业讲师、企业职能管理六大线发展，机会多。

任何行业的优秀企业都有优点与缺点，只要遵守客观规律，敢于直面问题向前发展，就是有希望的公司。长松咨询愿从一棵小树做起，努力长成参天大树。

PART

第四篇

持续创新

开篇语：春天，给我一个梦想

如果我在春天里没有梦想
那我用什么迎接春天的朝阳升起
春天给了树信任，树如期伸叶
给了花温情，花如期绽放
给我了力量，我为何不如期春暖花开

我不会做在春天里等待的徘徊者
因为我的心已偷放在冬天
春天是爱人，与我一起唱两首歌
一首用来赞叹昨夜星辰，一首在路上轻舞
我不相信每个人在春天都能萌生

春天的美不属桃花的轻佻

不是柳叶的浅绿
属于百年的松柏，觉不出变化却悄然变化
春天是万物复苏的季节
春天可以使你全身心投入它的怀抱
当然，你也可以为春天添加传奇

水在暗动，并不会展示细波让世人入目
阳在轮升，却不洞察它的怒热沁心
春天的赞歌，是属于斗士的，因为斗士喜欢在春天停留一下
而在一年四季中傲然挺立
春天是斗志情爱能量

我拿什么演绎出
属于春天的爱
春天的长篇，春天的灵魂
心有理想，春暖花开
生生不息，抱春喜泣

CHAPTER

第十一章

突出重围

如何学习

大部分企业想快速实现目标，抄近路、走捷径、形成大气候，目的很纯粹，所以基本都是选择快速实现目标的方法。

但是，这容易造成恐慌、不快乐，且失败率高。中国人的长处还是实业，喜欢慢慢做，用几十年的时间渡过创业期，为下一任留个基础，就成功了。少数人的成功，我们无法复制。但是，不是用实力做出来的大规模，一定是负担。

回归理性的学习，看到自己的长处。学习的关键，是要找到幸福的路径，而不是人人都成为一样的、一个路线的复制型老板。

战略错了，学习一定不会对；战略清晰了，学习也就轻松了。所以，需要什么，学习什么。

有一种学习方法是做功课，也就是需要哪方面知识，先从网上、书本上进行深入学习、了解，并做好笔记。还不懂的话，直接带着需要解决的问题去找“老师”，问题也就迎刃而解了。

只有不知道要什么的人，才会乱学与盲目迷信。

学习有四个过程：自我诊断、弄清不足、规划学习、应用成长。

有时从不到20元的一本书中学到营销系统，可以带来20亿元的营业额；从下级那里学到战略，让人发现老板的战略不一定都是对的；有时从网上下载一个文件，就能学会系统与机制；当然，我们也能从名师那里学到实用的知识。

学习的方法就是四种：专家求学、做足功课、跨界转换、业内精英。

1. 向专家学习最专业的理论，这样扩大视野。

2. 自学，凡事做好准备、做足功课，这样节省时间，提高效率。

3. 跨界转换，把别的行业的精华进行优化并为我所用，这样提高成功率。

4. 向业内精英学习世界级的成功路线，这样减少尝试。

学习是为了节省时间，不是浪费时间。所以，如何学习是一个值得交流的话题。

解放老板有八步

你是一个忙碌疲惫的老板，还是一个轻松快乐的老板？你的职业规划中，有如何做老板这一项吗？

我认为，轻松做老板有八个步骤。

1. 解放老板第一步：定商业模式。商业模式，关键是产业链条上的位置。比如，肉类链条中，有“肉类品牌及平台销售—肉类加工—肉类生产—饲料生产—饲料辅料生产—粮食生产”，产业链条越低，自由度越差，利润越低，风险越大。商业模式，要么打通产业链，要么在产业链条的上游区。

只有在商业六大原则上下功夫，才有机会。

- 营销关系加强。
- 产品研发领先。
- 控制货源渠道。
- 建立销售平台。
- 建立管理系统。
- 提供解决方案。

好的商业模式，是老板轻松的开始，否则老板将会处于不断处理杂务的状态中。

2. 解放老板第二步：分钱。敢分钱不如分清钱。任何形式的分钱，其实都是按价值来的。老板花钱，购买伙伴的时间与能力，必须把感情放到一边。

- 拿 15% ～ 30% 给高管分红。记住，核算好账，算清账。
- 新事业部拿出 70% 分红，给新整合的专家。
- 薪酬要比别的企业灵活，学会吃亏。
- 让一些有能力的人跟着你，风险小，且挣钱多。

你先成就别人，为别人提供机会，别人才有可能成就你。

永远不要想着自己去做所有事情，老板的任务就是创造一个平台，让大家实现各自的梦想，共同创造一个品牌。

3. 解放老板第三步：股权改革。股权的核心不是股，而是权。所以股权是收益权加发言权，员工中有些人要收益权，有些人要发言权，老板要明白，给哪些人什么样的股份。

- 技术人才的分红股要清晰，管理权上可以选委托管理。
- 外来一个团队，可以签对赌股权协议，也就是团队为公司创造利润与业绩，老板给团队公司的股份。

- 管理团队可以考核：先分红、转期权，再转注册股。
- 还可以核算新的股价去卖股。

总之，为了融资，可以去找投资商；为了增加利润，可以去找好资源；为了吸引人，可以训练并给分红激励；为了上市，必须寻找能获得指标的投资基金公司。没有目的，不动股权。

4. 解放老板第四步：训练团队。训练团队，就要办好四件事。

- 树立一个榜样公司。
- 不断树立业绩榜样。
- 不断制作标准教材。
- 培训，把教材从榜样的口中宣导出去。

5. 解放老板第五步：责任分工。没有责任分工，就没有解放老板。

- 要把营销、生产研发、行政管理分开，从而形成老板管理财务，再有三个老总管理经营的模式。
- 责任就是将工作内容、工作标准、工作绩效通过文字写出来，然后不断培训。
- 解放老板：用好运营手册、业务流程、工作责任分工这三个工具。

没有制度沉淀很可怕，会累死老板。

6. 解放老板第六步：进程管理。凡事不要一下子完成，要按进程完成，团队才能复制。进程管理的核心是：

- 发现需求为第一步。
- 设计产品为第二步。
- 成交流程为第三步。
- 交付服务为第四步。

每一项都要做好进程管理，然后复制给团队。

7. 解放老板第七步：投资筹划。如果有钱，首先要做到不乱投资：

- 不熟透的不投。

- 信息过时的不投。
- 无底洞的不投。
- 感觉不好的不投。

要投资：

- 心跳的。
- 有兴趣的。
- 有社会价值的。
- 有利润的。

8. 解放老板第八步：干部晋升。

给干部机会，老板会发现更大的机会。

企业的关键：创新经营

企业的发展障碍，就是没有创新经营。

1. 企业经营的主题是创新经营。

世界上的企业只有两条路：要么创新，要么死掉。很多企业不是走向创新，而是排队走向墓场。没有研发，过分保守，只成为追随者，不想把得到的利益投资进去。做得刚有起色，看到别的公司与行业很好，马上跟风，从能力上无法驾驭，结果一无所获。企业发展不会静态停止，而是不断地微创新，只有勇者才能跻身于时代的前沿。

现实中，不是所有的企业都能创新。高级团队的反对、股东的得意扬扬、合作伙伴的高度与境界、怕失去目前的利益，都是影响创新的因素。很多企业活在“得不到”“怕失去”的世界里，没有“一定要”的精神，恐惧改变。所以，“拥有创新意识、采用创新行动、规避创新风险、得到创新结果”，是创新的四大法则。

2. 优化你的经营模式。

索尼手机不管最后破不破产，现在都处于危险中，不是索尼不创新，也不是它的产品质量不好，而是三星与苹果，在创新上早已走在索尼的前面。

中国的家电业，与世界级的企业相比，落后至少十年。我们很多时候只是做出来一些概念，没有人真心关心创新。大部分的中国名企都有自己的房地产企业，当房地产泡沫被刺破时，我们会发现，这些企业早已被外国的公司远远甩到了后面。

中国的服装业，很少真正培养设计人才。一个产值是 40 亿元的公司，也只是让下面的小兄弟公司提供板型，然后 OEM（贴牌生产），这样就养活了上百家企业。这样的公司与世界级的公司，如 BOSS、杰尼亚、迪奥等相比，在格局上根本就没法比。

优化经营创新，不是寻找与别人的不同点，而是做得比别人好。一味追求不同，把自己推向了非主流。而创新经营是把所有经营得很好的领域再进一步升级，就成就了新的创新，到达了新的高度。

一般来说，一个企业的高潮期只有三年，在高潮的第一年，我们就应该要考虑创新。

如何优化创新模式？

- 改变你的业态。
- 跨界思考你的产品。
- 更新的速度超过客户的想象。
- 把传统的产品变得更简单。
- 把地面的产品在网上经营。

- 取强者的最强业务专注去做。
- 变精巧为结实。
- 把外国的东西优化到国内。
- 改变你的营销模式与分配机制。
- 运用宗教思维去了解人性，再做出产品。

3. 客户要的是征服。

很多企业的误区是“创新一定要按照客户的意思办”，其实这种思考模式不一定对。试想，你追求一个美女，有两种办法：一种是对美女百依百顺；一种是活出自我特色而成为成功的人士。你认为美女会跟谁走？大部分美女在享受了百依百顺的好处后，依然会果断地离开这样的男人，宁愿低下头跟着内心强大而且在一个领域有成就的男人。

客户是用来征服的，一味地将客户置于舒适地带，会让客户疲倦，不会珍惜你对他的爱。做客户调查，很多时候没有意义，因为很多客户本身不知道自己需要什么。90% 的消费，并不是客户消费必需的功能，而是带着好奇心去追随一个产品，可能这个产品 90% 的功能都没有用。但是，当客

户拿到这个产品时，比如苹果手机，会因为征服而让自己充满自信。

当手机没有出现时，所有的客户都没有手机的需求，是发明者发明手机后，教育了客户，让客户有了手机消费的习惯。

当导航没有出现时，所有的客户都习惯下车去问路，而导航出现后，教育了客户，客户可以不用下去问路。

当网购没有出现时，所有的客户把逛街当成习惯，是网购教育了客户，让客户有了新的体验。

优秀的产品顺应客户的意思，而精品永远在教育客户。

4. 成为客户的领导者而不是客户的保姆。

当去建材市场购买建筑材料时，大部分人一天逛下来都迷茫了，因为太多的选择让他们失去了判断。这个问题的责任在于企业，因为企业忽略了客户的决策力，误判与过高地估计了客户对专业知识的了解。每个企业都应当成为客户的领导者，而不是做客户的保姆。

我在一个全球十佳的酒店住过，入住时他们问了我几个问题，之后当我问到任何一项消费时，酒店都给我提出了他们的建议，最后总是说：你相信我，我给你推荐的是最好的方案。我发现，最后我直接听从他们的建议就好了。三天的体验下来，我明白了，我作为客户，过多的自我选择会让专业的美丢失，会让时间浪费，还会有后悔的选择。所以，创新经营的核心就是，立即成为行为的领导者，给客户方案而不是要客户自我做选择。

客户内在的需求，客户往往不知道。内在的需求，只有通过激活才可以变成显性的需求，才会产生购买力。

很多企业不具备这样的能力，是因为很多企业家只关心成本，只关心人员工资，只关心别人是如何做的。于是觉得自己只需要模仿着做就行了，可是永远不知道别的企业在想什么，别的企业在规划什么。

就像长松咨询，开始做系统班时，很多企业看不起。但长松咨询做到45家子公司时，出现系统班、行业研究、人才学院、软件信息化、家庭教育、工具包等产品时，很多培训公司又感叹长松咨询的发展了。但没有几家公司了解长松咨询在想什么，其实这些产品，长松咨询在四年前都已规划好了。

赢在创新经营上，赢在战略规划上，规划需要时间，更需要经历挫折。

时尚，就是引领客户的需求。

利润降低，我们怎么办

企业家与业务人才都在抱怨现在的钱难挣，其实，是过去的钱太好挣，而现在回归正常了。以前只要创业，不管产品有没有竞争力都能挣钱，而现在产品没有竞争力就挣不到钱了，这是很正常的。

回归正常，就是要把没有社会价值的人与没有社会价值的产品淘汰掉。

面对这样的局面，我们必须做出转变。

1. 我们的产品必须以满足客户价值为基础。

2. 我们的流程以 0 型服务，也就是以客户为中心，以圆周服务为导向。

3. 我们的营销必须以专家与方案为主导。

如果我们没有进步，没有学习计划，没有深度研究客户，只是以降价为主要手段，肯定没有利润。所以，在回归正常的利润降低的前提下，自我求变很重要。

过去五年我们生存了下来，但未来五年能否生存下来还是一个难题。多关注客户、坚守价值、不断更新、迎接新潮，才有生存希望。

人生是一场寻租

人要想活着，必须以自己的实力来进行交换活着的资源，包括钱、生命、情感，以及维持生命的物质与精神动力。所以，人生需要寻租，以交换的方式来进行，得到资源是核心。

人生的寻租，包括能力寻租、身体寻租、资本寻租、权力寻租、爱寻租。

有能力的人就有能力寻租，得到自己的生命价值资源。我们不断地求学、进步，无非就是增加能寻租的资本，让我们活得更好、更有意义、更快乐。所以理解这点后，学习自然会成为一件有动力的事情。

但有些人，没有机会学习的话，会选择身体寻租。通过这种方式，换取想要的东西，既是无奈的，也是可悲的。以身体寻租的人，本来是想让生活变得更好，但伤害的却是自己的身体。身体寻租，收益低，并且得不到尊重，对后代的影响也很大。我一直有个愿望，为这些人做一场培训，让他们重新激活生命的希望，找到新的寻租能力。因为在没有新的寻租能力前，身体寻租可能是他们活在当下的最好办法。

世界是资本寻租的天下，全球有许多这样的人，他们不需要劳动，却掌握着全球的资源，通过资源的信息差及对世界物价的控制权，管理控制着地球人的生命。资本寻租，就是通过资本的力量，让其他的寻租人成为其工作者，并为之获利的工具。老板与员工的本质是一样的，在产业链中，都是能力寻租的工作者，最后的获利者是资本寻租的人。

有一种人更可怕，就是权力寻租的人。拥有权力的人，如果是有责任心的人，就能为人类造福，但如果是有私欲的人，管理不好自我，承担不了责任，最后的结果就是到处权力寻租。

还有一群人，以爱的名义活着，这也是一种寻租。用真爱寻租，建立生命的连接。

人生不过是一场寻租，看清寻租，就看淡了世界。

请好好教育我们的孩子，将来用最有价值的方式进行生命的过程，用能力寻租，用资本寻租，比其他寻租更有意义。所以，从当下开始努力学习吧。

我感谢长松咨询的伙伴，因为大家都在努力用能力进行寻租，这样活得更有尊严、有价值、有成长性。

有效的资源都不完美

资源就是资本与物源，人本身不是资源，人产生了社会价值，便成了资源。无论何时，要善待你的资源。

不要轻易让一个人成为你的资源，因为他在满足你价值的同时，你也得满足他的欲念。

对待资源必须考虑三点。

1. 认清谁是有效资源，谁是无效资源。

无效资源是没有关系的社会圈子，机构中不成长的“老白兔”(经过培训训练，经过改革彻底没希望的一拨人)。这些不但不是资源，很多时候还是负担。

有效资源，就企业来说只有三种人:提供产品的人、提供管理系统的人、提供销售收到现金的人。

2. 我从资源那里得到什么。

很多人不但想要资源的价值，还要求资源完美，天天抱怨资源不够好，这是错误的。资源向我们付出了价值，我们凭什么不让资源有缺点？所以，一味要求完美资源、评论资源不好的人，永远没有资源。

3. 要想得到资源的核心价值，必须满足资源的核心利益。

资源最初是靠关系与情感来维护的，后期则是靠规划与格局来维护的。资源会成长，所以我们也要成长，否则我们留不住资源。

在一个行业里最权威的专家，很容易成为另一个行业的受害者。除了整合外，最重要的还是删除，删除无效的资源，因为无效资源只会浪费我们的人生与时间。

与资源共赢，任何不单纯想利用资源的想法，都会促使别人用同样的方法对待你。

凡是用钱就能把一切都交出来的资源，不宜长留。

前期满足资源利益，中期成就资源梦想，后期放下资源飞翔，是资源利用三部曲。

资源的灵魂，其实不是资，而是源。

千万富翁与亿万财富的区别：利益链条法则

对现在很多成长中的民营企业，大到阿里巴巴、华为、新东方等，小到刚刚经过创业期的一般公司，从战略与经营管理层面进行分析后，我们发现这样的现象。

- 拥有一家企业 100% 股份，最高为千万富翁。
- 拥有一家企业 80% 股份，能成为五千万以上富翁。
- 拥有一家企业 49% 股份，能成为亿万富翁。
- 把自己的分红降为 10% 以下，可以创造 20 亿个人财富。
- 把自己的股份降到 1% 以下，财富只是一个数字，可成为真正的社会企业家。

因此，让所有人链接销售额提成链与利益链，打破原有思维，从而实现利益捆绑。这其中有非常重要的法则。

- 员工拿到的第一笔收入为保障工资。
- 第二笔收入为岗位技能收入，如财务绩效工资、生产计件奖、营销客户奖。
- 第三笔收入为公司超出目标后的全集团销售奖。
- 第四笔收入为利益链条的分红奖。
- 第五笔收入为竞争力强的训练培训机会。
- 第六笔收入为晋升机会。
- 第七笔收入为排他性福利，如分房机会。

链接利益链条纽带的核心为核算账。不同性质的企业，核算账有着不同的计算公式。

1. 有限责任公司的算账公式。

公司利润 = 销售额 – 预收款（公司规定不纳入核算的销售比例）– 成本（包括生产制造成本、采购成本、公摊费用、分摊费用、其他约定费用）– 税金 – 发展备用金。

比如，某美容连锁店，共有 6 家门店、1 个总部，总部每月开支 12 万元，其门店核算公式为：单店销售额 – 单店所有成本开支 – 办卡的预收款 – 总部分摊定额成本（2 万元 / 月）– 税金 – 发展备用金 = 门店利润。

门店利润中，公司拿出30%分配给门店管理人员。

2. 项目部核算账公式。

项目部利润=项目销售额－预收款－项目开支－总部营销费用分摊－总部管理分摊－质保金－营业税金。

3. 事业部核算账公式。

事业部利润=总销售额－分公司/代理商分配部分－总部成本分摊部分－事业部运营费用－研发基金－税金。

比如，事业部规定，销售一台洗衣机，销售公司拿走20%，事业部分配80%，即事业部利润销售额按80%计算。

4. 销售子公司核算账公式。

销售分公司利润=总销售额－事业部分配部分－分公司运营成本－发展备用金－扩张备用金－税金。

5. 集团利润核算账公式。

集团利润=（各事业部利润－各事业部人员分红）+（分公司利润－分公司人员分红）。

了解以上利益链条的法则，可以帮助企业操盘手更好地操盘企业，培养关键人才，充分发挥人力资源的优势，推动企业的扩张与快速发展。

不多卖

不论顾客户需要不需要，逼着或引诱着客户买产品，结局只有死路一条。

只有按照客户的真实需求去销售，才会引来重复消费，甚至会带来转介绍，实现真正的卖多。这是伟大企业的行为。

不多卖，是一个高贵的经营哲学。

我在美国的一个西餐厅吃饭，碰到了我最爱吃的美国龙虾饭，于是我一次要了两份，结果当点餐员问了只有我一个人吃时，他说“We won’t sell that much, because you won’t need it”。也就是说，不多卖。

不多卖，是站到客户立场上服务的最低标准。

一个高尔夫球会的总经理，向我推销他们的球卡，价格 100 万元。我很喜欢那个球场，因为它很美。但是那个球场不在我生活的城市，我一年也就能打 4 ～ 5 场，就是没有球卡，我的成本也只是 5000 元左右。当我把我的实际情况告诉他时，他依然不停地推销，所以我再也没有去过那个球场。

想办法多卖产品，已经成为众多公司研究的核心。

有一次，我的一位客户（纸业的老板）跟我说：老师，我非常想买你的产品，因为你的产品有实效，但我已报名另一家机构的一个套餐，套餐费 300 万元，所以我不能再消费你的产品了。过了一年半，这位客户又打来电话，说：老师，我那 300 万元的套餐到现在还没有消费，还是来上你的课吧。

如何多卖，如何最大化地把客户的钱存到自己的手中？当我们用时间去考验，会发现最终没有管理好客户的期望值，不能给客户提供真正价值的企业，会被客户抛弃。

很多企业是这样做的，不管产品好不好，先创造让客户多买的潜在可能环境。常见的有以下几种情况。

1. 以爱国的名义。以快速振兴企业、强大国家为名，把大规模消费产品塑造成为一种爱国表现。其实，企业稳健做好才是王道。

2. 以慈善的名义。打着慈善旗号，让客户觉得伟大和崇高，从而感性决策，让客户多消费了产品。

3. 以超强获利的名义。承诺只要买产品，立即能获利，甚至是暴利，放大了客户的企图心，让客户产生消费而不顾及后续结果。

4. 以救命的名义。搞一堆客户见证，促使客户消费。

5. 在感性的场所。比如放音乐，或又哭又叫的，让人感动，结果使得客户感性决策。

还有其他的形式，不再赘述。总之，把多卖变成了目的，这样客户就成了工具或在案子上的肥肉。

长松咨询是务实的，将永远记住：客户的需求是系统，让客户依据现实情况消费，让客户有决策权。客户有时只买一点产品，要么是没有认识到系统的重要性，要么是企业还没有发展大，我们需要耐心服务。当我们的价值展示出来，当我们的产品给客户带来的回报价值更高时，客户自然会选择我们。所以，长松咨询要做到以下几点。

1. 基于客户的需求定方案，不能让客户超出需求购买产品。

2. 销售基于价值，不能夸大宣传，不能让客户背后骂人。

3. 坚持产品退货原则。实物产品，一周无条件退货；咨询类产品，没有消费就可以退货。这是让客户最放心的，当然，也是考验我们的最重要的一项。

4. 不能过度包装，放弃一切与学习和咨询无关的形式上的东西。

5. 绝对不可多卖，了解客户需求，管理好客户期望值。

客户永远不能接受两件事：被多卖，被欺骗。

我们的面包里，不能放人造糖；

我们的牛奶里，不能放人工物；

我们的房子里，不能有假材料；

我们的身体里，不能有真塑料。

再美的东西，只要是假的，就经不起时间的考验。所以，假东西，不能卖；真东西、好东西，客户需要多少卖多少。我们，不多卖！

心有理想，春暖花开

追求光明的人，并不埋怨黑夜的存在
理想之风扯满人生的帆，奋斗之杆举起壮志的旗
人生的悲剧不在于受多少苦，而在于错过了什么
最难做到的是简单而有节奏的幸福
带着努力的广阔，让信念巍峨
幸福的泪由劳动的汗水酿成
失望的泪只有拼搏才能抹去
经过一轮又一轮冲浪
让别人为你感动
还让心灵光洁如新

心有理想春暖花开

一步一步

心静于内在追求
行动用于最单纯的梦想
让力量汇聚于创造的专注上
财富能大通且融汇于身，秘密是一步一步

聆听对方的期待
很多时间走近了，就不必恐惧远离
当沟通感情的窗子一次次打开
再冷冻的人，也会被火热感动
只需要你一步一步

有一个神奇的节奏
只需要与自己好好相处
回首到展望生命精彩历程
显现幸福的声音，也就是一步一步

人生需要一场忘我的逐梦

人生需要一场忘我的逐梦，只有忘我才会走向成功。

忘我就是做任何事情都主动追求，并且有超越挣钱之上的追求，这会让我们对一件事情的专注达到最高点。

我小时候书法出了名的差。初中三年级的时候，有一天，班主任当众批评我，说我的字写得像狗抓的一样，我暗自发誓一定要练好书法。此后，长达十年每天练习书法，虽然我没有成为书法名家，但至少形成了自己的特色。

世界没有瞬间的变化，只有相信看不见的变化，才会拥有看得见的变化。

十四年前，一次总经理会议上，当时作为人力资源经理的我，在会议上读一篇关于我们公司的报道，结果由于我的普通话发音不标准，很多人开始嘲笑我，于是我又暗自下决心，一定要成为一个演讲者。我每天坚持练习演讲，并专门找到国际级的演讲家学艺，确立了我的D调风格。相声大师师胜杰老师的一句“让语言传播美”，让我受用终身。而今天，我每场课1000多名企业家在听，我用演讲实现了自己的逐梦。

忘我就是追求挣钱之上的价值，让精力集中在自己梦想的实现上。

十年前，我给一家公司上课，他们在课前跟我说先上课再给我劳动报酬。我讲了两天课，但是十天之后依然没有收到报酬。我明白了，只有自己有平台，才会有发言权，才会让价值增值。于是，我不断地建设团队。十年过去了，我与我的合作伙伴建立了一个2200余人的团队，拥有5个品牌，并且有45家子公司的咨询集团公司。虽然公司还有很长的路要走，但我无法忘记无数忘我的努力。

只有亲自体验忘我的投入，才会让自己成为塔顶之人。

我上初中时，有一次逃课，第二天英语老师让我上台写昨天学过的单词，结果我一个都没有写出来。英语老师在台上批评了我十几分钟，我发誓再也不学英语了。直到今天，我还是没有掌握这门语言，而我立志要做国际人的梦想，如果不过语言关，一切将无从谈起，所以，我现在依然保证每天学习英语超过 4 小时。

忘我，就是不要刻意去关注自己的变化，因为自己的大变化是由无数个小变化组成的。

我们不能把碎片的时间浪费在微信、QQ、吃饭与看电视上，这样到头来可能一事无成，这个世界最无法浪费的是我们的青春。

每一个有梦想的人，都应一步一步走近梦想，在忘我的体验中通过自己的双手实现着自己的梦想。

轻而易举地操盘企业

（2013 年 11 月 24 日，企业操盘手重庆大聚会）

成功的人，往往拥有“一定要”的精神。

中国有 50% 身家 20 亿元的企业家，在等、在看、在观望，在看透机会、看清时机、看好行动点。

这是一个泡沫经济破灭的时代，比任何一个时代都让人琢磨不透。以前自信满满的人，现在也开始怀疑自己的战略是否高明。这个时代，只要走错一步，几十年的努力就白费了。

大企业家都如此，那民营小企业的小老板怎么办？

这是一个新信息时代。过去靠机遇成为企业家的老板们，正面临着老知识体系与新知识体系交替的问题。企业家需要脱去昨天的壳，长出今天的肉。但是，事务性工作与繁忙的琐事，让他们无法用心厘清新战略。在新知识体系的竞争者面前，他们往往无力还手，因为他们两手空空。

企业家必须认识到：只有新知识体系的人才，才能领导新人才。新型企业家获得成功的三个条件是：格局、学习能力、自我管控。

格局就是成就他人，让利他人，设定机制，从而创立强大平台。学习能力就是在同样的机会下，最大化更新自我知识，成为时代弄潮儿。自我管控就是远离恶源，创立善举。这三个条件，是人与人合作时的评价标准。

因此，在这样的时代，企业家相聚显得极为重要。2013 年 11 月 24 日，长松咨询在重庆举办了中国企业操盘手大聚会，只为影响行业的人。吸收他人的能量，了解大家的动态，深度学习系统，不设限沟通。

- 我们的目标：2000 位企业家相聚。
- 我们的形式：三天“企业操盘手”课程。
- 我们的价值：学习企业资源整合方案、企业战略方案、企业定位方案、企业年度战略规划方案、企业目标方案、企业高管薪酬方案、企业绩效方案、企业 PK 方案、企业 OPP 营销方案。
- 我们的增值：为帮 300 位企业家创造外贸出口全方位机会与平台方案，帮助他们走向世界。
- 我们的使命：解放老板，系统托管。
- 我们的要求：让你学习一套成为管理教练的方法，使你成为合格的操盘手。
- 我们的特色：我们没有疯狂尖叫，我们没有热血跳舞，我们没有任何与经营无关的形式主义。
- 我们的保障：听了你不满意，费用我们退给你。
- 我们的愿望：你一定要认识至少 300 名企业家，把你的企业介绍给

2000 家企业。

- 我们的绩效：2014 年，你解放，业绩增长 200%。

那么，企业操盘手是什么？

企业操盘手是可以为企业赚钱的两类人：制定战略的人，实现战略的人。

企业操盘手应了解什么？

- 90% 的企业高管是培养训练出来的。
- 没有国际化，就成不了中国第一。
- 如果无法统一团队的思想，那一定要统一团队的目标。
- 定位就是把独特优势无限放大。
- 只有满足资源核心利益，才能得到资源核心价值。
- 战略实现比定战略更重要。
- 企业就是一个无情有爱的团体。
- 要一个亿的 10%，也不要 1000 万的 100%。
- 算好账才能分好钱。
- 有钱挣，有路走，有名望，是团队平台打造的前提。
- 潜力是靠竞争开发出来的。
- “一定要”的精神是成功的根基。

在“企业操盘手”的课程中，我了解到：有 10% 的企业产品脱销；有 20% 的企业，老板一年只需要工作 4 个月；有 40% 的企业，业绩增长超过 200%；有 60% 的企业，用更少的劳动，带来了更多的利润；有 90% 的企业，满意课程，至少导入 5 个以上工具。这里，我想说的是，操盘手本身具有成功企业家的智慧。

如果你是操盘手，你一定要做好四件事。

第一，组建平台，成为大操盘手。

第二，帮助你的团队实现高绩效，让更多的人获得幸福。

第三，让更多的管理者与操盘手交流，“知道”，然后“做到”。

第四，开发更多人的智慧，解放自己，做幸福的操盘手。

为什么我们累？因为我们没有静下心来聆听对方的声音，不再信任除自己以外的一切。所以，让我们带着“一定要”的精神上路，拒绝“不得不”的结局。

我们的人生有无限可能。

CHAPTER

第十二章

挑战顶峰

理　想

你时常让我感动
因为你拥有原动力，开始产生奇迹
不是托福，不是依赖
是内心种子一点点萌动，生根发芽

我也时常让自己感动
因为不甘于在此如此，于是开始内在疯狂
别人在指笑，我看不见
妄浮的声音，我听不到
我关注
理想从未离开我的胸膛

我极度沮丧时，你给我一个温暖
今天一定会过去的
我刚愎自用时，你给我一个警示

今天请勿忘总结

于是我不再设限
我学习与践行，去赢得生命的时间
于是我不再有条件
我吃亏是福，去整合能成就的资源

理想，是我一生最好的朋友
我要与你好好相处
你如此表里如一
我要求你
我是如此爱你，抚摸你的灵魂
你要善待我
因为我的生命没有了你，也就没有存在的意义

学习力·行动力·天赋

如果你想找到最得力的干将，看他现在会做什么，经验是什么，却不关注他的学习力，这是错误的。

一个人的学习力决定了这个人将来的成就。只有不断地学习，持续地成长，不断地把碎片时间化零为整，专注于学习，构建知识体系，这样的

人才能具有适应新社会的能力。

用人，首先要看他的学习力。不要培养没有学习力、吃老本、目标志向不远大的人，更不要试图改变这些人的习惯与世界观，因为他们只会浪费你的时间。

什么样的人老了？不再学习的人老了。很多人30岁就老了，这是很可惜的。

请拿出你的行动力，只要做，就不怕试错；只要试错，就不怕没有结果。所有新项目，可以用往死里做的心态去尝试。有时，想取得更大的成功，必须先从此时的成功中归零。

学习力、行动力、天赋，构成了一个人持续的竞争力。当我们本身天赋不足时，学习力与行动力就非常重要。

不要等到与你对等的人拉开了距离，才醒悟学习的重要性。那时，你就不得不选择为这些人打工了。

请多一些基础学科的学习。很多人喜欢学习，喜欢学习是好事，但很多时候学得太高级了。学完后应用性差，战略反而更加混乱。学习应用学科知识并没有错，但如果基础的根基很差，用上层空洞的理论去指导与实践人生，一定会错过人生最成功的美好时光。

我的很多学员，基础的科学知识严重不足，甚至连最基本的常识都不懂，却对很多神秘的东西感兴趣，渴望通过神秘的东西改变自己的命运，而不是通过强大的双手改变命运。这是不对的。

生命科学中，人有五个认知。

1. 每一个人都是普通的人。

2. 每一个人都很脆弱，生命的失去是很容易的事。

3. 每一个人都可以通过成长变得相对强大。

4. 每一个人都会死，并且不能主观认为长寿一定属于自己。

5. 每一个人都不具有超能力。

只有有这样认知的人，才会平安幸福地完成一生的使命。很多人对自己有误断，以为局部的能力就能解决全部的事情，最后抉择直接影响其一生的幸福。

界定自己的活法，坚信自己高人一等，只能让别人远离你。

这个社会流传很多假象：比如50天不吃饭还能活着，比如死后复生，比如隔空取物，比如活110岁是小菜一碟，比如成功幸运降临一身。当然，还有很多人通过改名字、换手机号、搬家、换爱人等太多可笑的方式，渴望发达。

大家学习一些基础科学，这样就不会轻易被一些看似有道理的假象欺骗。战略的实现是靠技术实力与管理实力取得的。

企业没有系统竞争力，是不可能成为有价值的上市企业的。没有存在的价值，企业一定会被客户抛弃。还有，员工是靠事业维系的，不是靠感情。

一个人的成功，与行动力、天赋、精神、上进心有很大关系，但真正的强大，离不开一个人的底子。

很多人理想很大，读书很少，决策完全靠感觉，战略基本靠讲师。其实，只要掌握了一定的基础科学，你会发现，很多广告、很多信息，都是美丽的谎言。如果你不了解，你会把有些人请来做座上宾。

没有基础性知识的人，不可能建立上层的知识体系，当然，随着时代的推移，竞争力也会下降。所以，永远不要放弃对基础科学的追求。

没有熟透的果实不要摘

我们强调，果实熟透，人方摘。凡事不能太强求，强求的事情，往往会存在遗憾，很多不完美也因此产生。

客户一旦相信一个公司，会有很多的消费。

不过，这之前客户需要了解三点。

第一，客户一定要知道一个公司的实际价值，而不是吹出来的价值。很多公司的人特能吹，但长松人不能吹，我们只做普通人做的事。客户不能把我们当成神，否则，客户希望越大，失望越大，背叛越快。我们虽然在管理系统、人才培养、管理软件上有优势，但是我们不是万能的。很多客户的基础非常薄弱，根本就不能立即从“地上走”到“飞上天”的。

第二，客户一定要知道一套公司的方案。长松咨询的客户想真正得到价值，首先需要：3个系统工具包；5个以上操盘手，并且还要复训；3个系统班，从组织、财务、营销上进行升级。这至少需要两年时间，就算马不停蹄，也不一定能达到目标。其次，需要系统执行的团队与日常管理的团队。这样的团队一般两年才能初成，且每年都需要安排辅导，可以用咨询的形式。所以，一套公司的方案，一般是30万～100万元，包括详细的调研、实施及落地方案。

第三，很多时候，客户投资学习总有很“虚”的感觉，因为培训看不见、触摸不到。只有好的客户见证、好的回报，客户才会真正信任。

产品还没有“熟透”，就强行让客户购买，可能会流失很多客户。

要赢得客户，我们需要做以下准备。

首先，从做产品的公司转向做系统工程的公司。客户最终会选择交钥匙工程的公司，不会理会做一个产品一个产品的小公司。所以，我们也必须升级为交钥匙工程的公司。

其次，优化营销流程。赢得一个优质客户，需要经历五个过程：储备、关系、方案、成交、转介绍。储备，是找到优质的客户；关系，是必须与客户建立关系；方案，是让客户得到帮助，用心走近我们；成交，是需要按流程成交，给客户有价值的产品；转介绍，即服务到客户主动转介绍，就是营销的成功。凡事不要急于要结果，因为急于要结果的事做不长。

再次，不断升级。成为一个有价值的公司，从对明星讲师的依靠，变成有产品的公司，从知识供应商转变为结果供应商。

其实，每家企业都是不断成长的企业，因为只有这样才会成功。长松人要永远记住这些话。

1. 客户的感觉不会欺骗自己。
2. 没有熟透的果实不要摘。
3. 没有内核价值的产品一定会死掉。
4. 在客户淘汰我们之前，我们要先淘汰昨天的自己。
5. 不走近客户，客户就不会走近我们。
6. 企业用数十年创业的心态渡过创业期，才会做成有价值的企业。
7. 任何一个领先价值的创新，都能带来领先的社会回报。
8. 追随别人的企业，得到永不高于别人业绩的结果。
9. 人才与客户有一个共同特点：都得自己培养。
10. 没有世界的心，在中国也活不好。

年　轻

《年轻》是德裔美籍人塞缪尔·厄尔曼70多年前写的一篇小短文。首次发表的时候，引起轰动，成千上万的读者把它抄下来当作座右铭收藏。松下公司的创始人松下幸之助说："多年来，《年轻》始终是我的座右铭。"

年轻，并非人生旅程的一段时光，也并非粉颊红唇和体魄的矫健。它是心灵中的一种状态，是头脑中的一个意念，是理性思维中的创造潜力，是情感活动的一股勃勃的朝气，是人生春色深处的一缕东风。

年轻，意味着甘愿放弃温馨浪漫的爱情去闯荡生活，意味着超越羞涩、怯懦和欲望的胆识与气质。

而60岁的男人可能比20岁的小伙子更多地拥有这种胆识与气质。没有人仅仅因为时光的流逝而变得衰老，只是随着理想的毁灭，人类才出现了老人。

岁月可以在皮肤上留下皱纹，却无法为灵魂刻上一丝痕迹。忧虑、恐惧、缺乏自信才使人佝偻于时间尘埃之中。

无论是60岁还是16岁，每个人都会被未来所吸引，都会对人生竞争中的欢乐怀着孩子般无穷无尽的渴望。

在你我心灵的深处，同样有一个无线电台，只要它不停地从人群中，从无限的时间中接受美好、希望、欢欣、勇气和力量的信息，你我就永远年轻。

一旦这无线电台坍塌，你的心便会被玩世不恭和悲观失望的寒冷酷雪所覆盖，你便衰老了——即使你只有20岁。

但如果这无线电台始终矗立在你心中，捕捉着每个乐观向上的电波，你便有希望超过年轻的90岁。

所以只要勇于有梦，敢于追梦，勤于圆梦，我们就永远年轻！

千万不要动不动就说自己老了，错误引导自己！年轻就是力量，有梦就有未来！

提高效率是项使命

提高效率的前提是专注，提高效率的核心是专业。

控制每天胡思乱想的时间，专注于一件事。做到早睡早起，利用早上时间学习（5 点到 7 点），利用白天时间工作，利用晚上时间陪家人。这个模式效率很好，也是一个很容易出成绩的模式。

专业，就是做任何事情前先评估能不能做到专业，如果能做到专业，就投入精力。所以，当一个人未获得巨大成功之前，不宜多元化。你比别人专业一点点，你就比别人可靠一点点。只有沉淀，只有学习，才会让你的专业成为竞争力。

提高效率的四个要素：目标清晰、专注目标、专业行动、联合资源。

让你的核心经理人一年挣一个亿

你有没有想过，让你的核心经理人一年挣一个亿？

有多大的格局，就有多大的事业。格局是一步步进步而形成的，大格局是实现大梦想的前提。

让经理人一年挣一个亿，是一项非常刺激的事业。要想成就这项事业，必须对社会有巨大价值才行。

大格局包括以下八条。

1. 战略高度：从国家战略上开始。谁满足国家战略，谁能挣到钱；谁在做国家不需要的产业，谁死得最快。马云见总理，吉利出风头，恒大很狂热，都是这个原因。

2. 客户高度：最优质的客户或最大量的客户。不管是天猫，还是QQ，抑或是百度，都掌握了大量的客户，形成了生态链。

3. 经理人高度：全方位的、与时俱进的训练体系。只有最职业的经理人，才会创造集体的智慧，才会有创造奇迹的可能。

4. 机制高度：敢于共享的分配机制。分配机制四大要素：权力分配、股份分配、利润分配、晋升通道。要想创造有钱人，必先有分钱机制，这个机制要公平、公正。

5. 产品高度：世界级的产品。

6. 系统高度：最先进的管理方法。

7. 知识体系高度：创新性的、战略实现性的知识体系。

8. 资源高度：用于完成使命的最优质资源。

只有调动国家战略的产业，只有掌握世界级的资源与人才，只有最与时俱进的系统，才有可能让团队有亿万级的可能。

当然，你的核心经理人要想一年挣一个亿，他还需要是德行、胜任力、高素质的综合体。

在中国一年能挣一个亿的经理人，为数很少。这些人不是权贵就是精英，没有一个是草根与普通老百姓。所以，如果你不是权贵，你就只能成为精英。

成为精英，就必须有新知识体系，以及运用资源的能力，否则，即使企业能让一部分人成为亿万级人才，也肯定不会轮到你。

自我管控，管出成功

没有自我管控的人，一定是失败的人。无法自我管控，还会给自己、家人及社会造成伤害。

自我管控，管出成功。

1. 延迟满足。如果看到别人的钱包掉地上了，就想办法拿走，这肯定是自我管控出了问题，因为根本就没有评估风险。这是即时满足心太强而乱了经营。自我管控的第一步就是做好延迟满足的训练。比如看到好吃的，能耐住而不吃；见到最心爱的物品而稳定如山，这样你永远不会受到别人控制。

2. 恶习不在公众场合。比如大家一起吃饭的时候，我们就不要在桌面上抽烟。我们要常用一句话提醒自己，“我是一个有素质的人，我的享受不能建立在影响或伤害别人的基础上”。恶习不改，首先伤害的是周边的人。很多畸形儿的出生，很可能与父母的恶习，比如抽烟喝酒等有关。当然，恶习也会直接将人与人的交际圈进行区分。重庆谈判时，蒋介石曾感慨，永远不要小看毛泽东，因为毛泽东如此爱烟，但与他在一起的时间里，却没有动一根烟。千万不要认为，在你有恶习时别人不说话是在接受你，其实别人是在筹划如何远离你。

3. 情绪就是第二个我。很多人才华横溢，却无法管理自己的情绪，平常没什么问题，关键时刻却失控了。不是抱怨表现于身，就是气场全乱，在别人眼里，俨然就是一个小丑，在那里上蹿下跳。内心不喜于色，内怒不流于表。一个人的强大，不是靠发泄情绪表现出来的。磁场的威，就是不发一言，而足以震慑四方。人们总是不愿意与有负能量的人在一起。

4. 不让外物控制我。钱、性、赌、毒、房子等，都是外物。超过 50% 的人，都被这些控制着。这是人性的弱点，最好的办法就是不接触，不要有好奇心。只要内在清静，我们一定不受外物控制。放眼望去，多少女人成了物品的奴隶，多少男人成了名利的奴隶，多少老人成了面子的奴隶，多少孩子成了玩具的奴隶。做一个不受外物控制的人。

5. 语言也是一把刀。说话能伤人，出口需慎重。一句话在没有说出口之前，你是他的主人，说出去以后，他是你的主人。狂言之语不可说，侮辱之话不可施。不要与不对等的人吵架，否则不但会影响你的形象，也可能会影响你的生命。学会示弱的人，有着如水一般的性格。用行动与业绩证明自己的人，才是真正的强者。永远不让说话成为我们的负担。

6. 只有身体属于自己。晚睡不但影响休息，还会让神经系统受到影响，从而失去敏锐力；抽烟与喝酒影响一个人的判断，并且让人易怒；过度纵欲会亏损身体；不遵守自然规则的人，免疫力低下，容易得病。这是一个奇型疾病横行的年代，所有人都认为很多不幸不应该降临到自己身上，其实上帝不是在抽签，上帝能看见，那些不阳光、身体极度疲惫的人，是他优先抓走的对象。所有外界的爱，都会因为我们不珍重自己而被忽略。所以，爱自己就是爱世界。

高管成功四大原则

高管获得事业的成功离不开四大原则。

1. 业绩能力。在长松咨询，任何人晋升都是要靠数据的，业绩是职业成功的第一保障。营销人员过营销关，技术人员过技术关，运营人员过运营关，OPP 讲师过 OPP 关。业绩就是话语权，品格就是通行证。

2. 格局。格局对高管来说，就是敢给下级机会，成就下级；敢于舍得利益，学会吃亏是福；敢于培养下级；说同行好话，给同事机会。

3. 自我管控。守住自我信仰，不要被这个社会的浮躁影响；决不做违反公司制度的事情，以免影响职业生涯，任何公司都不会用一个经常犯错的人；积极上进，社会容不下集负能量于一身的人；永远不做一个让别人看不起的求小利舍大义的人；想让别人看得起，首先要责任担得起。

4. 不断学习。职位越高，要求的知识越多、能量越大。经理做好业绩就行，但总监需要领导力，总经理需要规划力，集团总裁更需要全方位的创新经营能力。如果不学习，就跟不上时代，就等于让自己掉队。不学习的人，永远不要迁怒于别人。只有每天看清局势、努力吸收营养的人，才会有价值，才能与时俱进。

所以，我们要用这四点要求自己。记住：没有业绩一定会被淘汰；没有格局永远没有机会；自我管控力差会没有地位；不会学习的人，是储备下岗人才。

PK是一个好活动

人需要用PK来证明自己。

怕PK不行，躲PK也不行，PK是每个人都需要面对的。

PK有技术、有方法，并且能赢钱。

如果你有以下行为，你一定输。

1. 没有规划就PK了很多家。

2. 受别人的影响，别人PK多，我也PK多。

3. 不看对手是谁就直接PK，那你死定了。

4. 不看自己实力与发展的可能，就直接硬上。

如何做好PK呢？

第一法则：长脑子。要分析别人是如何输的。输的基本上都是实力不够、受感性决策影响的人，所以绝不重复别人的错误。

第二法则：做好策划。一次PK四家最合适，但如果业绩好，可以多PK几家，反正业绩差太远的不会轻易赢。

第三法则：经济法则。比如，业绩相近的，可以PK 5000～10000元，但业绩比我们高得多的，最多PK 2000元。PK要永远控制在可承担的范围之内。

第四法则：分析法则。了解对手，比如看对手的组织图、干部图、所有区域，主要成交产品，是总经理营销型还是团队营销型。只有了解对手，才知道能否战胜对手。

第五法则：学习法则。PK谁，向谁学习，即使是输了，也值了。

第六法则：清醒法则。在PK现场，不管别人如何躁动，我们依然清醒，规划 PK 谁，绝不乱 PK。

第七法则：担当法则。既 PK 之，则担之。不做抱怨之人，正能量经营自己的事业。

第八法则：不骗自己。很多人想造假数据，这其实是自己骗自己，只会让自己业绩更差。况且，这是让别人十分看不起的行为。

有的人在 PK 中成长，有的人逃避 PK，我们只有了解 PK 的力量，才会成为成长最快的人。

科学 PK、快乐 PK，创造幸福业绩。

渴望走向未来

每天的阳光，如此烂漫的笑容
给你温暖，给你动力
倍感温暖的是最后的信念
最初的信任
阳光的美好，就是在生活中不断反思与成长

人的动力，源泉在哪里
是源于自我实现
是源于追求的梦想
还是源于渴望走向未来

未来带给人们
要么是希望，要么是恐惧
希望让人有节奏，自信地到达
而恐惧却在不停跟人们开玩笑
越害怕
越到来

那就邀请社会建设我们未知的未来
让我们也去建设未知的世界
其实得到比较容易
人生最难的是放下

放下，才能让阳光洒满人间
连自己也没有一片阴云
行走在路上
我有一片动力

幸　福

一颗糖，在我们嘴里只有甜，但在孩子嘴里，就是幸福

一杯酒，在家里只放在酒桌上，但放在同事婚礼上，就是幸福
一坪草丝，在院子里只是风景，但在偷偷寻觅食物的鹿嘴里，就是幸福

幸福
是一片深蓝的天空，一掬透甜的溪水
这是童年专属的幸福，还想得到的幸福

幸福
是爸爸挥来的一个手掌，打光我们坏坏的缺点
是妈妈责骂中的温爱

穿着兄长的衣服
下课后急找厨房的馒头，硬硬中啃出甜
在原野中飞奔，幸福在流淌

总渴望有一部自行车
总想有一间自己的屋子
总希望有自己的一个抽屉，觉得那得多幸福

那时认为幸福是拥有，是认同，是尊重
幸福是众无我有
幸福是前方有希望

幸福是一块皮肤，我的手从白嫩到干黄，孩子的手开始白嫩
幸福是一种性格，我的心从狂野到沉稳，孩子开始属于他时代的倔强
幸福是一件衣服，我的衣柜装满精品，只会随意穿，而孩子开始妆扮

为什么天不再蓝，水不再清，花不再怒放

我们飞在天空，奔在高速，住在高楼，心在焦虑

所以，幸福在哪里

幸福是不是在电脑里，一天让我数小时不断追寻

幸福是不是在办公室里，每月不断加重我的工作

幸福是不是在企业里，每年更多提高我的目标

当我有一张工资卡时，我没有紧张；当我有一所房子时，我不再激动；当我有部车子时，我从未出汗

我得到的同时，我不知是否失去

猫的时间，可以在太阳下晒一晒；狗的待遇，可以关注一个健康；车的条件，可以定期保养

我的时间

在无序地被安排

幸福，总像一朵兰花

开时总是很美

可是花期很短

很长很长时间

我又开始关注寻找幸福

这让我惶恐不安，我担心丢失太长时间永找不回

直到我在海边，在沙滩上细看女儿专注玩沙，我能会心地笑
直到我在家里，暖灯下倒上红酒，与家人碰祝时有动力去饮
直到我守在自己心内，还敢挑战未知的希望

我不关心我的大勇气
我只鼓励我的小勇气
我再不会没勇气

幸福，就是我还能存在
幸福，就是创造可能性
幸福，就是有人爱，我还能吸引的爱

幸福的标准

我的幸福标准就是飞翔
展翅，在高空中歌唱
低下头看着羽下的人，他们都忙着化妆
再看看无限的边疆
我不禁庆幸：内心清静，富有理想
我已记不起有一些苦难
但我看得见身上全是明耀阳光

停泊时经常不语，独寂思索何时褪色

但我热爱高山海洋，热爱自由激荡，热爱振动天空的云朵

爱着品饮最洁净的海浪

我可以拾起放下，此刻飞翔

即使烧掉我的翅羽

我亦凯歌着，攀越顶崖

再来一次滑翔

后记　下辈子我还这样

下辈子我还这样
勤奋学习，把阅读当习惯
记录感悟的东西，翻看十年前留下的文字
嘲笑十年前的幼稚，不多想十年后我会如何

下辈子我还这样
忘我创业，把事业当生命
不理会质疑，用精华的时间追求梦想
不为死定一个期限，专注收集今天的智慧

下辈子我还这样
把敢爱的勇于呈现，把不能爱的送上祝福
这辈子不能拥有的，下辈子我也不想拥有
在意的与不在意的，我不在意谁会知晓

下辈子我还这样

早年好好地吃，晚年合理地节食

亦能做几回懒人，在勤奋时羞愧自己的曾经

爱打拼胜过我生命，但我不去理解生命存在的意义

下辈子我还这样

及时抓起那份不能忘怀的青春，我也必须放下众人追逐的妖艳

不能黏住父母，我会远远地传递温良

不能束缚孩子，我会轻轻地期许能量

下辈子我还这样

我不抱怨出生在哪儿，亦不计较我会长眠于何处

我不想带走我的创造，更不愿留下无聊的谈资

不懂我的与懂我的其实都一样，不管世界是什么，我也都每天出发

下辈子我还这样

把我认识的人点缀成繁星，把我做过的事修筑成河堤

把流入的水，润浸每一天的故事

好好与自己相处，让这辈子没有后悔